Why Rich People Never Run Out Of Money?

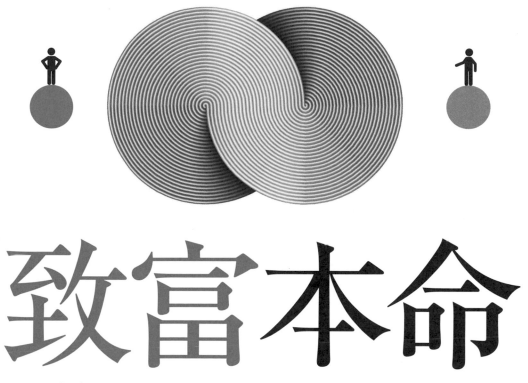

# 致富本命

隱形富豪教我的12堂「不缺」財商課,
學會靠本業起家,用斜槓投資致富
"用6,000元啟動財富正循環,改寫人生!"

資深專職投資人
陳 韋翰——著

# 目錄
## Contents

**Part 2**
# 實戰篇
扭轉你的致富本命

# 原來，你離財富自由這麼近！

■ 陳姵伊│暢銷書《我買台指期，管它熊市牛市，年賺30％》作者

請試著大聲說出：「我不缺！」

感覺如何？暢快嗎？

不缺錢，不缺房子，不缺食物，不缺伴，不缺……，豐盛富足無所缺乏的人生，我們都想擁有，但要怎麼做到呢？本書作者陳韋翰，將他豐富的投資經驗與一路上所見所聞，分享在書裡，帶領著我們一步一步打開新視野。一篇篇取材於真實案例的故事太精彩，若不是已知這些都是真實，還以為在看驚奇小說。低調的富豪們，竟然是這樣打造屬於自己的投資帝國，真是瘋狂！

有過豐富投資經驗的人都知道，投資不會一路順遂。於我，也不乏慘痛經驗。

2000年，網路泡沫前，我買入股價超過350元的鴻海，

當時外資高喊股價上看500元，看來仍有上漲空間，滿懷希望只想賺差價，一年後，股價卻僅剩93元。看著股價不斷腰斬，心情很沈重，但我對股市仍有盼望，繼續投入。

2008年，金融海嘯前，我買入國泰金與中鋼，想要存股穩穩領股息。半年後，兩檔股價跌幅超過60％。心情再度陷落，但我知道，投資失敗必有原因，十分慶幸當時的自己，沒在挫折後放棄，而是更努力找出原因。

2022年，當新冠疫情蔓延、烏俄戰爭爆發、聯準會升息、油價突破百元、通膨率再創新高前，我除了既定的期貨投資外，只擁抱美元與現金；我不知道半年或一年後世界會變怎樣，只知道該怎麼做最正確——正確的操作就會帶來利潤。

為什麼？

股市有句諺語這麼說：「能走過『一輪』多空循環還活著，可能是運氣好；能走過『兩輪』還活著，則必定能在股市存活。」自2000年網路泡沫，到2008年金融海嘯，再到2022年，一路走來，親身見證：每次引發股市危機的事件不同，但股市多空循環的本質卻不曾改變。投資就如同人生，在股海裡飽經世故後，總會發現一條穩健與保本的路徑，如同本書第9章所說，自古以來所有股票的走勢

與炒作手法都一樣——走過、經歷過、體驗過，自然就能找到自己的存活方式，要避開現今的諸多政經風險也就不會太難。

對於國際局勢的風暴、投資商品的漲跌，人們總愛找理由去解釋原因，但真的是那樣嗎？真的是那所謂的「原因」造成動盪嗎？抑或其實是為了遵循「週期性多空循環」？

我投後者一票。

以2022年而言，就算沒有戰爭，也會因為另一件國際大事，來引導全球政經與商品市場產生劇烈變動。原因很簡單！就是作者所說的：「這是熱錢炒作的最終結果。」

時光荏苒，自己經手過的投資已無法細數，經歷過的潮起潮落卻仍記憶猶新。2021年台股海運族群暴漲，炒作手法與方式，其實與九〇年代的股王國泰金如出一轍；2022年危機爆發前，虛擬貨幣、股市、房地產、美元與油價……這些被資金熱潮吹捧的火熱商品，像極了2000年與2008年，同樣被熱錢吹捧得火熱的網路股與連動債。

市場一再藉由類似事件向我們證明：它維持著「循環」的本質未曾改變。

經歷長年的股海洗鍊，真實感覺自己，在股市中成熟

許多。人們熱衷的價格波動，對我而言，只是個訊號——訊號產生行動，行動創造利潤，如此而已。常有人問我：投資多年來，最有感的是什麼？

兩個字：穩定。

投資，最重視的就是「穩定的投資收入」。穩定的投資收入，是由「穩定的投資量」而來；想維持穩定投資量，需源於穩定的身心靈；而穩定的身心靈則源於「穩定的生活」——可說是一環扣一環，彼此相輔相成，形成正向循環。

換句話說，想取得更穩定的投資收入，第一步，就是擁有穩定生活與心靈。正如本書說的：**先做好「本業」，從本業起家存好資金，再以「投資」斜槓來累積身價。**聽起來好像要很長時間才能達成？不，你現在就已經是了，**只要擁有價值與價格的分辨能力，如同作者闡述的親身經歷。**

富足人生，是每個人都應該擁有的，只要方法對了，目標就近了，這也是書中隱形富豪們的共通處。既然有跡可循，不妨，就跟著本書，循著致富軌跡，開始用一筆小額資金測試與驗證，逐步取回屬於自己的致富本命，這本來就是你該擁有的豐盛人生，不是嗎？

# 只有正向思考，不一定會讓你致富

　　我常在想，每一本談到有錢人或財富的書籍中，一定會特別強調：正向思考，這是邁向財富的康莊大道，任何人只要這樣做，都能成為有錢人。

　　書中還多附有相關課程與實例見證，激勵人們賺進更多的財富與完成夢想，講師伴隨著電子重低音音樂，一上場就是狂high，興奮激勵的上課過程，學員課中寫下與高喊自己的願望，課後瘋狂與同學、學長姐分享自己的心得，結束後準備邁向新人生，我也曾經熱衷參與過。

　　不久後，印象中只記得一場活動下來，一百多位學生，幫講師團隊創造了數百數千萬的財富，整年至少千萬的營業額，而同學們往後日子是否還持續保有正向思考，與賺進更多財富？就不得而知。

每個人一生，都有會貴人出現，不一定是給予財力上的資助，有時只是一句話，一個經驗分享，就足以改變現況讓我們成就更好的自己。而我的貴人中，從未聽他們說過或推薦任何激勵、財富課程，但卻累積了龐大財富，他們是怎麼達成的？

　　一頓農曆年同學聚餐，啟發我開始研究這個課題。

　　2021年2月初農曆連假，台股封關前，6547高端疫苗連續出現三根漲停板，以在前一年就已經大漲261.4%的飆股來說，股價再度創新高，無疑重新點燃投資人對股價的期盼，市場消息眾說紛紜，都在找理由解釋飆漲原因。

　　聊起這檔股票，同學們興致一來，不少人說曾經買過，但有賺到錢的都已經賣光，沒有任何人是從最低價27元一路抱到當時的148.5元。為什麼呢？在電子科技大廠擔任高階主管的同學，說出了一句經典的解釋：「會抱這麼久的，都是沒在看盤的人。」。

　　正式進入2021年，高端疫苗最終飆漲到417元。但真正火熱的並非是前一年飆漲的防疫概念股，而是多年沉睡的海運股與原物料族群。隨著股價持續攀高，有人靠著套牢七年多的萬海、長榮、陽明等海運股，一口氣把300萬本金變成9億，周刊報導一出，震撼世人，人人都在研究

他如何成功的，並將他取名為「航海王」。

是什麼樣的人，什麼樣的作法，能把300萬的本金買進股票後，一放就是七年？並獲利300倍？或是能將高端疫苗從27元一路抱到417元？不去理會股價震盪？甚至丟著不管？最後拿到人們羨慕的獲利。

類似的情況，也出現在我人生相遇的貴人身上。是什麼樣的機運？什麼樣的想法與作法？可以讓他們抱三十多年的台積電不賣、存了27間套房，或是每個月收入400萬？……長期深入研究後，我發現他們都有共同的成功要素，不是單有正向思考就能致富，而是掌握一個共同祕訣：不缺！

或許有人會質疑這些不具名的案例，但讓我們仔細想想，身邊是否有許多這樣的親友：每天平凡的工作，過著平凡的日子，全身鮮少名牌加持，網路社群也沒花時間經營，口袋卻永遠滿滿，甚至在本業之外，還有不少令人羨慕的副業收入，按照現今的說法就是「斜槓」。他們是隨著現今流行才從事斜槓人生嗎？不，事實上，大多從曾祖輩就開始有這樣的觀念並持續執行至今，因而累積大筆資產。

走，跟著本書看看他們如何透過「不缺」的關鍵密碼，打造億萬財富與人生。

# Part 1
## 觀念篇
尋找你的致富本命

Chapter
1

# 全球疫情過後，
# 只剩三種人

這是最好的時代，也是最壞的時代；
這是智慧的時代，也是愚蠢的時代；
這是信仰的時代，也是懷疑的時代；
這是光明的季節，也是黑暗的季節；
這是希望的春天，也是絕望的冬天；
我們什麼都有，也什麼都沒有；
我們正走向天堂之路，也正走向地獄之門。

——狄更斯，《雙城記》

　　2020年初，全球面對新冠病毒的侵襲，風聲鶴唳人心
惶惶。如今數年過去了，雖然全球逐步恢復正常生活，但
也只能跟病毒共處而無法消滅。可是就在人們以為走了十
多年的景氣多頭，受到疫情影響會面臨衰退時，卻在美國
聯準會與各國央行大降利率的助長下，股市、房地產、匯

率……等投資商品均創下歷史新高，物價通膨更如火箭般攀升。

台灣迎來史上最佳的景氣榮景，台股衝上18,000點歷史新高，最大成交量近7,000億，股價2,000元以上的高價股超過十檔，股王衝過5,000元。新屋建案每坪大漲超過20至50％，新台幣升值突破三十多年的紀錄，搶地搶房搶股成為全民運動，各項經濟數據均好到讓人無法想像。

但另一方面，由於消費型態轉變，店面出租、出售量暴增，許多店家也面臨轉型或轉行的危機。食衣住行育樂各項產業，均有受到衝擊。失業率與留職停薪人數也創下2008年金融海嘯以來的新高。

疫情爆發後，因人流與金流的變化，無分貧富貴賤，迫使人們被分成三大族群：

1. 財富成長。
2. 財富衰退。
3. 染疫離去。

這三者的變化，就如同《富爸爸，窮爸爸》一書的作者羅勃特‧清崎所說：「中產階級消失，人們終究會走向

M型的極端社會，富者越富，貧者越貧。」一場疫情，更加快、加深了資產重分配的速度，而我們正處於新舊時代的轉捩點。

疫情發生時，台商資金大舉返台，加上貨幣寬鬆政策，造就史上最佳與最久的股市與房市榮景。海運股多檔大漲超過 10 至 20 倍，創造無數平民與少年股神傳奇；而房地產熱潮，從北部往外延伸，在政府的大南方與科技廊道計畫支持下，短期間便創造了中南部房價翻倍奇蹟。科技大廠搶地蓋廠、建商搶地造樓、百姓搶房投資，一同搭上熱錢列車，財富翻倍的多有人在。

此時，政府也大撒幣補貼各項產業，隨著景氣復甦，企業訂單暴增，薪資提高，工作與消費型態改變，人們也多了許多自主運用的時間，消費力道與金額也在國內出現報復性的購物與旅遊潮而頻創佳績，讓業者荷包滿滿。

**這是第一種人，也是財富隨著疫情蔓延而增加的類型。**

但例如旅遊業，以往靠著台灣人愛出國旅遊特性而大賺的榮景不再，轉做國旅卻得面對僧多粥少更激烈的競爭。因此，業者紛紛收掉承租的店面，降低人事成本，專心經營網路業務。而航空業更是受到極大衝擊，國內航空

雙雄的華航與長榮航，業績持續虧損，從業人員除了得面對產業景氣危機外，還得戒慎恐懼的站在第一線與疫情對抗。另外，為了避免疫情延燒，國內的餐飲與八大行業，更是政府管制的主要對象，種種的限制措施，都使得街上到處出現出租出售的布條。諸如此類產業的衰退，比比皆是。

**這是第二種人，財富隨著疫情蔓延而減少的族群。**

**第三種當然就是染疫或離去的民眾與家庭，生活與財富絕對是受到衝擊最大的一群。**


而疫情終究會在疫苗施打率提高的情況下，逐步降溫，隨著各國邊境管制逐步解除與開放，人們也期待著回到2020年疫情爆發前的生活。但生活、消費與工作型態的大轉變，不是一朝一夕就能恢復，甚至至此就是新生活、新消費、新工作型態的開始。

你是哪一種人呢？

是M型社會的右邊，越來越富有？還是M型的左邊，日子過得去，但卻覺得物價攀高而壓力倍增，甚至失去了財富？

已經有學者提出，未來M型社會也會完全消失，轉為

更極端的 L 型社會——10％的富人，擁有90％的財富；其餘90％的人們，去爭搶剩餘10％的資產。

古人說：「十年，風水輪流轉！」。

每一次全球爆發的大危機，都是人類未來十年轉變的契機。十年前，除了前蘋果執行長賈伯斯之外，大概沒人可以想像手機會帶給人們這麼多的便利性與資訊量。但是在疫情爆發後，全球矚目的新科技不再是手機、電動車或機器人，而是未來人類生活的標準配備：星際旅遊與移民、量子電腦、元宇宙、虛擬貨幣與投資……這些新興產業已經成為新世代的發展願景。任何人都無法抗拒這個新浪潮，多年以後我們可以再去找理由解釋為何會轉變，但當下得立即採取行動，否則就只能被大時代推著走，而無法走在前端讓自己擁有更多自主權。

請問問自己，疫情爆發的這兩年：

你的財富有增長嗎？

你的資產有變多嗎？

你的工作有提升嗎？

你的生活水平有越來越好嗎？

你的知識有追上時代潮流嗎？……

這是最好的時代，也是最壞的時代，你我將會走向哪一邊呢？

　　在我的身邊，有這麼一群人，他們靠著極為相似的作法與心態，在疫情中，資產財富不退反進，不但拉開與其他的人距離，也加深自己的財富防護網與護城河，並準備迎接未來十年的轉變與轉型。

　　他們是怎麼做到的呢？

Chapter

**2**

# 什麼是「不缺」？

專務本業，笑罵由人，家藏萬貫，喜不自勝！

——英國古諺

　　感恩節過後的傍晚，天空飄著翩翩細雪，街上人群歡笑著採購布置商品，準備迎接聖誕節到來。一輛輛名車駛進紐約帝國大廈，位在 39 樓的餐廳已經備好包廂與餐點，準備迎接頂豪（頂級富豪）到來——這些富豪的身上沒有奢華配件，也沒有名牌衣著加持，而是一貫的球鞋搭配牛仔褲，平底鞋配休閒服，悠哉自然地與朋友聊天、交流工作與訂單。工作人員不用替任何一位來賓掛上識別證，他們的面貌與身上 T 恤的小 LOGO，就足以代表身分。

　　而在地球另一邊的高雄，天邊逐漸亮白，寒冷的天氣讓人想再多睡一些。這時早餐店已經完成備料、煎檯預

熱，準備迎接第一位客人或電話訂單上門。電話打破寧靜的清晨鈴鈴響起，話筒另一頭說十分鐘後就要取餐趕上課，老闆員工們迅速熟練地動了起來。半小時過後，店前等候取餐的客人變多了，此時老闆娘卻放下手邊工作，跑到隔壁店面拉起鐵門，原來店長已經停好摩托車，掛上安全帽，趕緊跑進門煮茶葉與珍珠，準備迎接早晨七點半第一波上班族與學生們購買搖搖杯飲料的需求。

早餐店門口站著許多滑著手機的學生、上班族、鄰居，沒有人知道這間店與隔壁飲料店的老闆，就是那個戴著口罩、頭套，站在煎檯前的大個子。更沒有人知道，這整排騎樓的三個店面都是他們家的。

頂豪與早餐店老闆，兩種角色讓你選，會選哪一種？

其實，他們成功的方式完全相同，只是在不同產業，**努力的工作→賺取收入→擴大投資→然後再努力的工作**⋯⋯一直重複循環著，直到累積無數財富。


夕陽西下天色昏暗，紐約頂豪的聚會中，眾人聽取一家需要募資的機器人研發廠商，做了十分鐘的報告。會後，每個人決議提取100萬美元，共同入股這家企業，成為天使投資人。反正就算這筆投資虧損，也不過是總資產

的千分或萬分之一，自己本業努力個幾個月，就能填補缺口，況且上次投資電動車的獲利早已超過百萬美元，也足夠用來再投資。至於這筆資金能有多少錢回收，看在未來機器人的需求一定會越來越多，就耐心給予時間讓經營團隊努力吧！

遠在台灣的中午，日正當中驅散了早晨的刺骨寒風，早餐店的老闆脫下圍裙稍事休息準備收工、老闆娘清點今天收進的現金，而一位房仲已經站在對面街上的店面透天，準備帶他們看屋。那是一棟四層樓增建滿的老屋，地坪25坪，大面寬，十米路，開價2,980萬台幣，預估需要5、600萬的裝修費。

老闆想了想，一樓店面出租，二至三樓隔成四間套房，四樓拿來當自家或出租倉庫，租金收益可以到2.7至3.2％。自己每天的工作就在對面，好管理，先出價砍九折，屋主可接受就直接約時間簽約。反正就算買貴了，光靠租金收入與自己的早餐、飲料店本業，還是能慢慢還貸款！

任誰都沒想到，遇上新冠病毒疫情爆發，股市大跌，房地產冷清，所有人的行動都被管制，美國頂豪的機器人投資廠商，研發全數暫停。頂豪們私下通了視訊討論，認

為可以轉型先研發生物識別的小型機器，或許能先帶來新訂單。自家公司雖然也面臨疫情嚴重影響，但帳上現金還足以應付一段時間，公司高層們也可以趁這段員工居家隔離工作期間，思考新的發展方向。

而高雄早餐店老闆新購入的透天才剛開始裝潢與招租，一樓店面就遇到沒人要租的窘境，雖然樓上套房很快就被早餐店的熟客上班族預租額滿，但整體租金收益卻降到 1.5％，這可負擔不起貸款。老闆只好先將店面租給賣地瓜球與蔥抓餅的小吃攤商，剩下的就是繼續做好早餐與飲料本業，並趕緊與兩家外送業者合作拓展生意——原以為業績會因疫情而大幅衰退，結果外送訂單逆勢暴增而很快回穩。不過，另一邊店面的屋主可就撐不下去了，掛起了出售布條，老闆心想收工後可以去看看，反正厝邊頭尾大家都認識，說不定還能省掉仲介費。

與此同時，眼看著全球疫情越來越嚴重，沉重打擊著國內景氣，美國聯準會決定大幅降息，一口氣將利率調整趨近零，除了全球央行也跟進外，各國政府也提供大量紓困計畫。疫情恐慌氣氛四處蔓延，人們每天幾乎只能窩在家裡哪都不能去，除了吃之外，錢沒地方花，只好上網拼命刷卡購物。

美國頂豪看到商機，透過政府紓困方案取得更多低利率的資金後，除了用來發展自家事業，並且轉投資更多因為疫情而崛起的新興產業。機器人、生物識別、視訊、電商、外送、網紅經紀與經濟……就連這些產業相關的股票也買了不少。

　　高雄早餐店的老闆，看到央行利率調降，趕緊與原先貸款銀行部門聯繫，協商是否能調降利率，但對方的立場卻十分堅決。他想起剛畢業的姪女進到銀行工作，便拿起電話詢問，得知另一家銀行為了搶生意能提供較低的利率，因此決定借新還舊。這時原先往來銀行的理專聽到消息，立刻跑到早餐店，表態能協助爭取利率優惠。有了利率更低的貸款、更多的帳上現金，早餐店老闆因而決定買下鄰居待售的店面，靠老交情還省下了仲介費與價差。再加上政府的勞工紓困方案，全家領到幾筆數萬元的紓困金，拿來更換老舊的煎檯設備剛剛好。

　　美國媒體大幅報導：因為股市大跌，市值大幅滑落，美國頂豪的身價嚴重縮水，專家們建議頂豪應該趁機做好產業調整，甚至縮小營業規模撐過這波疫情；而台灣媒體二十四小時不間斷報導：確診與失業人數不斷攀升，待租售店面‧飯店比比皆是，原本熱鬧的商店街與夜市，一夕

之間人潮稀疏，專家更喊出景氣比金融海嘯與SARS期間更差，警惕國人應該要做好面對長期挑戰的心理準備，更提醒投資人千萬別把資金投入股市，千萬別存股，現金為王才是王道。

這些專業報導與專家的分析與建議，就出現在美國頂豪與早餐店老闆，全身背負的低利率負債越來越多，卻也手握更多現金之時——他們同樣對疫情充滿恐懼，對前景十分保守，甚至嘴裡還常抱怨政府防疫政策落後，可是他們卻也都同樣想起英國古諺：**專務本業，笑罵由人，家藏萬貫，喜不自勝！**

一年後，疫情逐步和緩，隨著東京奧運即將舉辦，全球邊境陸續開放，美國媒體報導：因為股市創新高，頂豪身價再創歷史紀錄，專家們建議可以加碼擴大設廠，以迎接解封的瘋狂需求潮；台灣媒體則報導：隨著疫情受到控制，疫苗陸續到位，股市再創歷史新高，東京奧運後將會迎來新一波景氣榮景，無論台股與房價新高都會到來，投資人應該把握機會逢低進場，以免未來台股上2萬點時，還得去追更昂貴的股票與房地產。

此時，美國頂豪轉投資的幾家事業，隨著疫情後的新

商機崛起也都步上軌道，因此決定賣掉股權回收本金與大部分獲利，留下少許資金繼續支持經營團隊；而去年股市大跌時買進的股票，也逢高出清，拿去清償部分的銀行貸款，剩下的留做帳上現金與黃金珠寶，轉身繼續打拼本業。

高雄早餐店老闆，則換了新煎檯，也重新裝潢了門面與隔壁新買下的透天店面（本書出版時已開賣上海小饅頭），加上外送訂單也越來越多，有了嶄新的用餐空間，他心想解封後的生意應該還會更好；而對街自家店面前的騎樓租給了兩個小吃攤後，也開始有不少商家前來詢問一樓店面的租金。這時他決定拿手上一部分的現金去清償貸款，順便幫姪女做做業績，購買一些保本的金融商品。至於政府新一輪的紓困金入帳後，則準備拿來添購與替換老舊的餐桌椅。

＊　　＊　　＊　　＊

上述兩則「故事」，從2020年初新冠肺炎疫情爆發，至2021下半年全球解封，真實的發生在你我身邊。疫情爆發之前，他們專心本業的工作，累積一筆財富，並且拿出部分本金，投資其他副業；疫情爆發之後，他們的負債

確實提升不少，但透過央行與政府政策補助、銀行的低利率貸款，手上現金反而更多，這些錢能用來改善本業與再增加投資。隨著全球疫情趨緩、邊境解封，他們陸續降低負債，雖然現金也跟著減少，但比起疫情前已有所提升，資產與身價也跟著攀高。

　　或許有人會說，這是因為他們本來就是有錢人，我們一般小老百姓根本沒有與銀行談判的機會，更別說要領到紓困金。但請想想：2020年新冠疫情導致全球股市重挫，台股從12,197點暴跌至8,523點，所有股票均下殺超過30％，就連當時人人喊買的台積電也跌掉111元。而隨著東京奧運舉辦與全球邊境開放，台股再創歷史新高挑戰18,000點，台積電也漲到600元。

　　若一個投資人，在疫情最嚴重時，願意拿一筆資金，就算是買進幾千或幾萬元的零股，一年後也能獲利滿滿，這跟「誰是有錢人」一點關係都沒有，而是願不願意「小小」冒險一次，就在全世界最恐慌之際。

　　有錢人為何會更有錢？道理很簡單，因為他們每一筆投資都只是資產的極小部分，並且已經算好可以承受的風險，就算真的賠光了，也還有本業與其他副業的收入；如

果成功了，就能更往上提高資產與身價。擁有穩定的收入，不匱乏的生活，就能在危機出現時，勇敢入市、提升資產。

但他們成功後，會就此離開原先的工作，然後退休嗎？

根據英國研究報告顯示，有80％的樂透得主，最終都會破產，而另外20％的人則會累積更多財富——兩者的唯一差別就是，80％的人會辭掉工作享樂，20％的人則是維持原本平凡的生活，每天一樣朝九晚五的上班，一如頂豪與早餐店老闆夫妻。

專務本業，笑罵由人，家藏萬貫，喜不自勝，心靈財富自然不缺。因為不缺，因為平凡，因為無趣，反而累積更多財富！

Chapter
3

# 「不缺」的隱形富豪，
# 其實近在你身邊！

藝人羅霈穎與范冰冰皆曾說過：
「嫁豪門？我自己就是豪門！」

———┤ 真實案例 *1* ├———
## 穩抱1,002張台積電的早餐店老闆娘

　　2017年9月中的一晚，下課後，一對穿著樸素的母女學生朝著正在收拾筆電與講義的我走了過來。滿臉疲倦的母親，問了我一些問題：

　　「老師，台積電還會繼續漲嗎？」

　　「只要能站穩歷史新高222元，還有機會，妳有買嗎？」

「是這樣的，我問過不少老師，他們都說要賣，只有你上課一直說要買，我不知道該買還是該賣。」

「如果妳會擔心睡不著，可以賣掉一些，妳有幾張？」

對方身體往前靠了過來，擋住準備離開教室的我說：「老師有空嗎？耽誤你幾分鐘，我們家族加一加大概有1,002張，我自己就有107張，爸媽老公小孩也都有，抱了三十多年，從台積電還沒上市就買了。因為買其他股票都賠錢，只有台積電有賺，所以只要有存錢就固定買一些。每年這樣配息下來，其實成本早已經是零。最近我老公說股價漲太多，想要賣掉早點退休。老師覺得要賣嗎？」

1,002張，換算當時股價222元，市值高達2.2億台幣，若以2017年每張股票配發現金股息7元計算，光現金股息就可領超過700萬，僅算她自己的張數也可領到70萬。我心裡快速計算一下，問道：「妳的工作是？」

「就早餐店，很累，所以老師上課的時候一直打瞌睡，不好意思啦！不過老師上得很好，我們很喜歡你說的觀念。」

「妳缺錢嗎？……」

當下我會這麼問，其實答案很簡單，一隻每年會生70或700萬的金雞母，當初的本金也早已拿回來，除非急著

用錢，否則何必殺雞取卵呢？

每年70萬的現金股息，可以拿來買保本的金融商品、多存一些老本退休過好日子，也足以支付1,500萬的貸款購屋，添點本金換新房，或是更積極的作法，拿去買當時的高成長股，例如5G產業。

幾週後，這對穿著還是一樣樸素的母女走來，告訴我，他們決定買一間店面開早餐店，讓女兒與女婿去經營，賺到的錢再拿去買台積電股票，專心做好這兩件事就好，並感謝在我課堂上學習到的寶貴觀念。

我問：「繼續買台積電？不怕追在最高點被套牢嗎？」

瞬間恢復精神的對方笑著說：「唉呦老師，我們有兩家早餐店，店面又是自己的，每年還有幾百萬的股息可以領，夠付貸款，也餓不死，有什麼好怕的？」

看著他們騎著摩托車離開，我反問自己：賣掉股票可以拿到2.2億，不賣則每年有700萬的現金可領。自己能忍受一夕之間成為億萬富豪的誘惑嗎？還是乖乖地繼續工作，等待每年現金股息入帳的那一天到來？

基好奇心，我決定在每一次授課時詢問同學這個問題，把「全賣光」與「續抱等領股息」兩個不同選擇的數

據統計下來。我花兩年的時間，調查過專職、業餘、還有不少路過進來看看的投資人，也常在早晨運動時，向公園裡一群熱烈討論的「股市專家」們提出心中的疑問。

我是這麼問的：「我的朋友有 1,000 張台積電，抱了三十多年，每年大概可以領 700 至 800 萬元的股息，現在股價漲到 200 多元，賣掉就有 2 億，不知道要不要繼續抱？」隨著台積電的股價越來越高，從 200 到 300 元，大夥的眼睛也越瞪越大，畢竟 2 至 3 億的利潤，沒有人會不心動的。

兩年下來，我得到一個概略結果：

- **99% 的人，決定賣出**：理由很簡單，2 到 3 億耶！（其中又有 99% 的人在賣出後，如果股價續漲不會再買回來，因為太貴了下不了手。）
- **1% 的人，決定續抱**：理由也很簡單，除了成本為零外，自己又不缺錢，還可以每年領百萬股息。

時間來到 2021 年，台積電已經漲到 600 元之上，每年配發現金股息超過 10 元，1,002 張換算市值超過 6 億，現金股息每年仍可領數百萬。我已經多年未曾再見到當時的

那對母女，或許他們早已賣掉股票，也或許還沒賣，但他們努力地經營平凡的生意，堅持平凡的投資方式，用三十多年的時間，累積了許多人一輩子難以達成的財富，就算穿著非常樸素，沒有名牌加身，卻也是成功典範，真如同網民常說的：高手就在民間！

而類似的例子，其實一直深藏在你我身邊。

如今常在我腦海中浮現的，並非他們有多少張台積電，而是那段話：「我們有兩家早餐店，店面又是自己的，每年還有幾百萬的股息可以領，夠付貸款，也餓不死，有什麼好怕的？」真是面子、裡子、心態都不缺乏的完美示範。

| 真實案例 2 |
| --- |

## 六年存了17間收租套房的職業軍人

這篇要談的人其實有兩位，一位是我過去擔任軍職的副連長，超級得力助手；另一位則是我的同事，兩人都是軍官，也早已退伍，他們做事的態度完全不同，但思考邏輯其實很像。

工兵雖然屬於戰鬥支援兵種，事實上任務非常繁雜，用一段話來形容十分貼切：「逢山開路，遇水架橋，先所有部隊而進，後所有部隊而退。」基層軍官的業務與任務更是繁忙，每天睡眠時間只有五、六個小時很常見。

　　而我總是看到副連長閒餘時常在看股票機（那時手機只有單色的2.5G），每當問到有什麼股票可投資，他總是笑而不答。直到退伍的前幾天，才跟我說起他的副業。

　　六年來，他每個月的薪水最多4萬初，不過他透過軍職，擁有高成數的貸款優勢（銀行非常喜愛貸款給軍公教，因為他們除了有固定薪水，重點是欠錢絕對跑不掉），他在入伍的第一年就開始買套房出租，自備款通常只要一成，甚至常有全額或超貸的情況，簡單來說，就是買房完全不用半毛錢。而每個月的房貸就由租金支出，完全足夠，甚至還有些微結餘可當現金流。

　　這裡我要說明，當時（2000至2001年）高雄、台南的套房房價，就算是市中心的物件，100萬以內就能讓你當起包租公／婆，甚至還有房東想脫手的物件，50到60萬就買到的也大有人在。雖然銀行不太喜歡貸款給套房，但軍人職業加持對放貸方來說可是穩賺的業績，高額或全貸很常見。若你買得夠便宜，還會形成超貸，投資客手上便

多了一筆利率低的現金，這是業界早已公開的祕密。

至於租金，只要物件的地點沒有太差，則長年均維持在每月 6,000 至 7,000 元以上，且不包含水電與管理費。若以一個 100 萬元的物件來看：二十年 4% 的貸款利率，貸款九成、自備款一成，無寬限期，本金均攤，每個月的房貸約為 5,500 元——扣掉房租還有剩，這筆錢可以拿來繳稅，更不用說還是一筆現金流。讀者可以想想：如果你擁有多間套房，每個月能增加多少收入？這還沒把那些用低價買到且超貸的物件算入。

副連長就這樣存了一間又一間房，讓手上的現金越來越多，且由於生活簡單，工作薪水也很少動用，於是決定把錢拿去買股票，再把投資股票的獲利繼續購買新的套房。在他任職軍旅期間，恰好遇到景氣大多頭循環，經過六年的累積，在退伍前已經擁有 17 間收租套房。

「你都不怕股票賠錢或是套房租不出去噢？」我問。

「有什麼好怕的，我每個月的薪水就有 4 萬，如果外面搞不起來，我就繼續簽下去，做個二十年老少校領終身俸也不錯。」

「想得美，如果營長跟指揮官不讓你簽呢？」我又問。

「你覺得以我的工作能力，他們不會讓我簽嗎？」

「那你為什麼還要退伍？擁有固定收入，又有副業，這樣可以累積越來越多錢。」我充滿疑惑。

「我的副業收入已經超過軍中薪水很多，加上我小時候爸媽幫我買的儲蓄與年金險，時間一到領起來也不少，所以我決定出國留學一年，看看這個世界，台灣對我來說太小了。」

我看著眼前這位充滿豪情、眼神炙熱的年輕人，似乎不像平常所見的那樣，是一個平日經常熬夜不睡覺，假日也不知去向，有時只能在網咖找到人的傢伙。他手裡常拿的不是軍中準則，而是《商業周刊》等財經雜誌，是一個長官喜愛分派任務、部屬喜愛閒聊的對象。雖然少了得力助手，我卻滿心祝福他真正擁有屬於自己的未來，自此之後，我就沒再與他見過面。

我常會想：如果自己換一個身分，我會選擇繼續留在軍中？還是像他一樣挑戰未知？多年後我才了解，他留給我的不僅是努力工作的態度，而是一個能養活自己與家人的成功方程式！

\*　　　\*　　　\*　　　\*

至於另一個軍官，或許是很多人印象中的長官——凡事只求合格就好，工作態度也不積極，除非執行任務或開會，否則很少看到他的人。然而，他鮮少犯錯，長官雖然不喜歡他，卻也很難挑到毛病。由於放假時根本找不到人，沒人知道他的家庭與私生活狀況，只見他時常在看雜誌漫畫，似乎也沒什麼娛樂，也鮮少聽到他發表意見，總之是一個極度低調、整天嘻嘻哈哈的人。

因為業務關係，曾有一段時間我與他頻繁接洽，某次公餘之暇跟他喝咖啡聊天時，我才知道他的真實身分：包租公。

「你知道嗎？我每個月只有5,000元能花，就連油錢還得跟老婆請款，所以謝謝你請的咖啡啦！」他開玩笑地說。

「因為小孩的關係嗎？」

「兩個小男生，都在念國中了，以後都會叫他們去考軍校！」我覺得他是在開玩笑。

「還是因為老婆愛買東買西？」

「除了家用，我還要背房貸跟繳保險啦！六間透天加九份保險，每個月壓力很大！」他開始有點不滿地說。

「六間透天加九份保險？」

「我跟你說，從我當少尉開始，就買了第一間透天，

結果住得不習慣，於是便換住大樓，原本那間就隔了套房與店面出租，也就這樣認識我老婆。我老婆說，當包租婆很好賺，所以就發瘋似地一直買、一直裝潢、一直出租……加上我很小的時候，爸媽就有買時間一到能固定領的保險，這東西我很喜歡，所以也趁我小孩年紀還小時幫忙買，可是每個月的支出因此增加不少，我覺得很累。」他極度不滿地說。

有了前文副連長的經驗分享，我才不信他這一套「很累」的說法，雖然當時銀行貸款利率稍高，但租金與今天相比並沒有低多少，加上職業軍人的貸款條件極為寬鬆，因此我相信他就像台灣人的天性一樣，賺錢的時候都沒有聲音，賠個小錢就大小聲地要政府負責，我認為他是用這樣的態度在閒聊，並非是真的沒錢。不過，我還是得裝出謙卑的態度，請他教我如何跟他一樣成功——以一杯咖啡來說，這實在是太便宜了。

「六間透天？可以教我怎麼做嗎？我想跟你一樣！」我裝模作樣地說。

「老弟，你知道軍人貸款很簡單嗎？加上我老婆也是軍中雇員，我們買房幾乎都不用出到頭期款，學生跟上班族要租的房間不用隔太大、裝潢也不用太漂亮，只要交

通、用餐方便，四周環境安靜，就很好租；樓下的店面我比較喜歡租給賣飲料的，門口騎樓還可以再招個小攤，養一間透天其實沒有像你想的這麼難！至於小孩子的保險費，拿我小時候投保、現在每隔兩年固定領的保險金，再添點錢就可以應付了。」

「那你不怕哪天現金軋不過來嗎？」我自認專業地問道。

「有什麼好怕的，明年我就可以報考教官了，指揮官也已經同意，教官薪水高、假期多，還能上下班，雖然小朋友難管，但總是有多餘時間可以兼個差或做投資，我還剩幾年就有終身俸了，該提早準備退伍之後的路囉……欸，老弟，胡扯而已，你別跟任何人亂說啊！」

那次任務之後，我們又形同點頭之交，雖然偶爾還是會跟他喝杯飲料閒聊，但他又恢復長官口中說的樣子，工作不積極、能混則混的態度。直到他離開部隊、準備到學校報到任職的那天，我才又見到他充滿活力的眼神。

\* \* \* \*

這兩個故事令我感受極深的地方，當然不只是軍人貸

款方便或是當包租公、包租婆的美好，而是我聽到這兩個彼此完全不認識的人都說出同樣一句話：**我有什麼好怕的？**

他們擁有共同的想法：就算投資失敗，至少自己還有一份固定的薪水可過活！當時我對這句話懵懵懂懂，花了很多年的時間與學費之後，我才了解其中的奧祕。

---

真實案例 *3*

# 月賺400萬卻花500萬玩手遊的打工仔

---

五年前，自小喜愛的「RO仙境傳說」遊戲，隨著智慧型手機普及，也出了手遊，當然我也跟著一頭栽進遊戲中（俗稱入坑），玩起可愛又迷人的角色。

遊戲公司發行手遊，獲利來源有：儲值、月費卡、通行證，以及各式各樣令人眼花撩亂的精品禮包，買得越多，裝備越強，升級越快。而玩家也衍生出代客練功、代客精鍊、賣帳號裝備、代客儲值……等線下交易，足以媲美電影《一級玩家》的虛擬金流世界。就以2021年的遊戲股股王3293鈊象為例，靠著「明星三缺一」等大量博奕遊戲，一年的EPS就高達67.21元，而且現金股息從每股1.99元一路增加到50元，還加發10元股票股利，股價也二度

挑戰千元大關，可見台灣手遊族的瘋狂。

網路鄉民常把手遊玩家區分為幾大類：

- **無課**：打死不花半毛錢玩遊戲，近乎自虐或佛心的玩家。
- **微課**：每個月花幾百元買月卡，抱持著消遣心態的玩家。
- **小課**：儲值、月費卡、通行證通通都會參加，當然也會買遊戲禮包，但總是挑最便宜的入手，每個月花個幾千元的理智消費型玩家。
- **中課**：比上不足，比下有餘，每個月用幾萬元打造全身炫麗裝備，雖然打王闖關無法一個人達成，但已足夠吸引眾人目光。
- **課長**：或稱大佬，花費幾百萬甚至幾千萬，追逐破表的攻擊力，可以一人單吃各種大小魔王，常常是每個工會的正副會長，一出現就吸引眾多玩家追隨，直到最後打好幾折賣掉帳號，轉進新遊戲的頭號高手。

有一天，我三更半夜跑去釣魚時（RO遊戲中），恰好

遇到工會會長也在旁邊，我們便閒聊起來。（以下對話內容，為方便讀者理解，所以詳述之，真正遊戲時的對話訊息，其實很簡短，雙方看得懂即可。）

「你怎麼全身裝備才只有＋4？缺鋁、神之金屬精鍊嗎？等一下到倉庫前等我，看要多少我給你！」會長永遠這麼照顧我們，聽到他這麼說我已經眼眶含淚。

「會長，你全身＋10裝備，花了多少？＋5以上不是就很難精鍊了嗎？我記得＋9的成功率只有10％，對嗎？」我崇拜地問道。

「大概花了500吧！」

「500！萬？」

「不然咧！反正是我一個多月的薪水而已，下個月就能賺回來了。」

「（驚嚇表情）會長，我可以請教你是開哪樣的公司嗎？」

會長開始娓娓道出他驚人的家族實力：「我家是做紙紮的，也有在網路上賣，老闆是我妹，她是學美術的，我是她的員工，這個行業需求還蠻大的，薪水大概夠我練裝備了。不過我下午得去巡巡幾間店面，有時還得陪我媽去

看屋，他開始把出租這塊丟給我管，所以最近比較沒空陪大家打王……這樣說來，其實我的工作就是到處打雜，哈哈哈！」

「會長，所以你打雜一個月的薪水是？」

「有時200多，也有超過400的，很不穩定啦！」

「會長，你玩遊戲都是這麼拼的嗎？還是只有RO？」

「這樣玩，打王才爽啊，我現在當了三個遊戲的會長喔！」

「會長，打工收入，沒想過要存下來或是做投資嗎？只拿來練裝，久了好像會有點空虛？」

「其實我有買過基金跟保險，也有炒過股票，業務跟我說多好賺，結果都沒紙紮本業穩定，從我媽到我妹接手，你看幾十年了，業績從來沒掉過。加上還有店面跟套房租金，已經夠我過活了。」

「景氣不好的時候，店面會不會很難租？」

「這有什麼好怕的，租不出去就當養房，小聲告訴你，紙紮這一行沒有景氣的問題，這世界越亂其實訂單越多！而且光靠RO，我就已經幫我妹拿到7筆訂單了。玩遊戲來養這份工作，就已經餓不死了。」

隨著遊戲的玩家數開始減少，伺服器也陸續合併，會長花了500多萬打造的帳號，最終用20萬元的低價賣給了另一名玩家，自己則轉進新開放的遊戲，又打造一個新的工會，帶領中小課甚至無課玩家到處闖天下。

看著其他工會課長玩家的裝備，我想經濟實力遠比會長更強的大有人在，但我相信會長把他經營工會的手段，運用在自家業務上也一定得心應手，說「打雜」實在太過謙虛。而且他這麼熱心關照公會成員，日後當成員有需求時，也一定會找他，畢竟生老病死是人生必經的過程，人們總是想把離世親友的後事辦得風風光光，紙紮商品確實有不間斷的需求，且永遠存在。

他的經營手法，遠比參加西裝筆挺的工商聚會來得靈活有趣，而他的經濟實力也比許多名片上掛滿頭銜的商業人士強更多。

---

真實案例 *4*

## 只投資「至少有50間收租套房」高價房產的母女檔

---

2020年新冠疫情爆發，全球股市大跌，台股　一口氣下

殺近4,000點，從人人喊存股的萬二，直落8,500點。所有報章媒體都警告世人：新一波金融海嘯來臨，分析師與網紅存股高手更耳提面命投資人現金為王。

當時剛從倫敦返台的我，在天色微亮、許多人還在睡夢中的清晨，直奔早餐店，吃著熱騰騰的蛋餅與煎餃，配上一碗鹹豆漿，一解思鄉之情。

隔壁桌一對母女正滑著手機聊著，穿著黑紅布邊運動套裝的媽媽說：「昨天要妳找的物件有幾間？只看有50間套房以上的物件，今天要約看喔！」

綁著馬尾，一臉睡眼惺忪的女兒回答：「我已經有約兩間了，但房仲說下午才能看。媽～現在不是有疫情嗎？為什麼還要看房啊？要不要過陣子再看，說不定還會更便宜！」

「傻瓜，現在看才好殺價，而且貸款利率一定會調低，現在買房比拿錢存銀行還好賺，這我不是有解釋給妳跟爸爸聽過了嗎？」

「我知道啦，妳說外公在SARS那時候就是這樣做的，我們只要跟著做就好啦。可是媽，如果房價一直下跌怎麼辦？」

「妳怎麼知道？我只知道只要租金扣掉貸款跟稅金還

有剩，就夠了，我們又不是買了就馬上要賣！對了，我派給弟弟的功課，他有給妳股票清單嗎？」

「有，昨晚他LINE給我了，可是，妳還要買富邦金跟台積電嗎？富邦金每天都在跌，妳之前買的都套牢了，這次損傷慘重，爸看妳不賣都生氣了。」

「我跟妳說過了，外公在……」

「我知道，外公在SARS時就是一直買股票、房子，但這次會不會不一樣？我最近上網爬文，很多人都說要崩盤了……」

「這有什麼好怕的，房子不賣，留著收租。股票我也不是買阿貓阿狗的小股票，景氣再怎麼差每年也都還有股息可以領，富邦金跟台積電不會倒啦！如果真的倒了，妳跟弟弟來幫忙顧豆漿店，我還可以少請幾個人！」

「原來我朝思暮想的煎餃，是他們家的。」我心想。

聊著聊著，他們發現我這個隔壁桌的大叔，手上的筷子停了很久沒在動，似乎是在偷聽他們說話的內容，於是媽媽對女兒使了個眼神，兩人站起收拾好餐盤、騎著摩托車離開。偷聽被抓包的我，決定接下來幾天早上都再來瞧瞧，看能不能再遇到他們。一出店門口，幾個清晨運動的大叔大媽經過，恐慌地說著：「昨晚美國股市又大跌了，

星期一要怎麼辦？」

　　發揮鍥而不捨的精神，三天後終於又讓我見到他們。我刻意選了角落的位置，離他們兩桌距離，學名偵探毛利小五郎閉眼聆聽，旁人一看應該會覺得我是個熬夜剛下班、在吃早餐卻體力不支的大叔。

　　「媽，我覺得那棟65間套房的，妳還可以再殺多一點，出那樣的價，跟妳教我的不一樣。買房不是要殺價嗎？怎麼妳最近都很客氣？」

　　「傻瓜，現在哪裡還買得到七折的房子？每個人都覺得自己的房子最好，能砍到八折，我已經很滿意了。不過妳看，每個房東跟房仲都說滿租，其實根本沒租出去那麼多，可是他們都用滿租去算。我出的價，算是比較合理的，他們有賺，人家也幫我們用得好好的，之後直接可以出租，做人就別太苛求啦！」

　　「喔，學起來了。對了，媽，妳的股票最近沒有繼續跌了耶，要不要賣掉少賠一些？」

　　「妳看看這報紙寫的，跟我說說妳的想法。」

　　「這有什麼好看的，反正每天都在『黑天鵝』，還有新的詞叫『灰犀牛』，所以現在不是買股票的時候嘛！」

「如果真的這麼慘，那我們的股票早就天天跌停，可是有這樣嗎？」

「所以妳才叫弟弟分批買嗎？可是這樣也太大膽了，好像在賭博喔！」

「妳有沒有發現，國安基金一說要護盤，可能都還沒真的進場，台積電、富邦金就大漲，大立光、聯發科還拉漲停，這些股票一般散戶是不會買的。政府都敢買了，我們有什麼好怕的？」

「可是我還是覺得很危險耶！現在花那麼多錢買房子跟股票，如果房子租不出去，股票也一直跌怎麼辦？」

「有什麼好怕的，大不了全家都來店裡工作，四個人辛苦一點，日子也還過得去，當初你外公外婆兩個人也是這樣做起來的。」說完，他們跟店裡面的員工打聲招呼，包了兩杯飲料，又騎著摩托車離開。

他們的對話一直在我腦中震盪思考，並想著自己已經躲過了萬二的修正，是否應該加碼買更多才剛試單的股票。此時原本冷清的座位，已經坐滿了剛運動完或準備上班上學的人們，在我前一桌的單車車友們，正熱烈地討論股市：

「我把股票賣光了！……」

「我們群組最近都在放空……」

「別說了，存股真的不好賺……」

「老師最近要我們多留一點現金……」

　　以早餐店老闆娘的投資邏輯來看，高雄一棟擁有50間套房的物件，若租給學生，每個月租4,500元，滿租條件下，一年可收租金270萬。這時房東與房仲會直接乘以二十年，也就是每年5%的報酬率，去推算出賣價為5,400萬元。有些更敢喊價的，直接開到7、8,000萬的也大有人在。反正賣家開價越高，買家殺得越凶，房仲佣金多拿一些，皆大歡喜都能賺，這種情況很常見。

　　但這對母女，應該只用出租率七到八成去計算，也就是50間套房只能租出35至40間，一年租金則約為160到180萬，乘以二十年，總價落在3,800到4,300萬區間，約是賣價的八折以下。這樣的買進價，至少不會過度浮誇。

　　另外，以台積電當時（2020年）每季配發2.5元、一年發10元的現金股利來算，股價跌到235.5元，現金殖利率約為4%多，其實也很接近二十到二十五年回本的條件；至於富邦金，現金股息長年皆落在2元附近，以當時股價最低34.85元計算，現金殖利率超過5%以上，算是非常合

理的價位。

　　我內心雖然這樣估算，但一直在腦海裡迴響的卻是那位媽媽一直強調的話：「有什麼好怕的，大不了全家都來店裡工作，四個人辛苦一點，日子也還過得去，當初你外公外婆兩個人也是這樣做起來的。」

　　這已經是我人生中無數次聽到類似的內容，這些看似平凡的人們，擁有一般人夢想的財富，卻總是說著同樣的話，永遠幫自己留一條後路。

---

真實案例 5

## 把股票當副業、
## 月成交量破億的券商VIP

---

　　聽說他每個月至少賺100萬！

　　聽說他一個月買賣超過50億！

　　聽說他有兩個女朋友，兩個小孩！

　　聽說他是大地主，在美術館區有好幾甲地！

　　聽說他每天換不同的車，法拉利、保時捷……

　　聽說他直接在美術館第一排買下一整層的豪宅……

　　聽說他收盤後就去打牌，一晚能花掉幾百萬……

聽說他以前只是個營業員，後來幫大戶操盤賺了不少才改做代操……

老實說，這些關於老陳的傳聞我從來沒有親眼看過，只見他每天早上都穿著涼鞋短褲，八點半準時走進券商的VIP個人室（有的稱為閱覽室），除了上廁所外，就沒出來過，也從來沒人來找過他。看起來算是有點特別的待遇就是，營業員每天早上七點多打卡後，會在他的桌上放一份《經濟》與《蘋果日報》，中午偶爾會幫他訂便當，不過其實這種服務，每位VIP室的成員也都能享有。

要在券商分點擁有VIP室，在2008年金融海嘯以前，確實需要貢獻不少業績才能享有一個座位或包廂，而且還得排隊，有人離開，營業員才能幫忙安插空位。更早在2000年之前，VIP室還是身分地位的象徵，但在金融海嘯之後，由於電子交易越來越普及，一般人用手機就能下單，因此除非是券商的長年客戶，或是有新裝潢、大家搶著要的分點，否則VIP室的使用率已經越來越低。

一般來說，券商的VIP室分為：三人座、二人座、個人座等三種包廂。

每張辦公桌上都會有1到2個螢幕，並已裝好看盤軟

體，還有一支電話。辦公椅旁會有一個小型移動式的文件櫃或工作檯，上面可以堆放大戶們的私人物品。對面牆上則是一整面電視牆，用來顯示各大類族群的成交資訊。進門處的電燈開關旁，則會有一個廣播音量開關與旋鈕，每天開盤前會播放特定財經電視台的節目。

通常三人與二人座的VIP室，大家頂多放個泡茶茶具，或是小盆栽與招財物品。但個人包廂就會出現不少家電用品，例如冰箱、烤箱、微波爐、電磁爐、躺椅、茶具茶几，甚至還有按摩椅。而桌上通常會有3到9個平面螢幕的電視牆，兩三支不同號碼的電話，用來聯絡各券商營業員使用。當然，隨著股市行情的震盪起伏，它們的擁有者也經常更換。

這些設施都是免費的，也幾乎都有附贈中午的便當，不過是經理或營業員自掏腰包，要訂多貴的都可以，只要你業績跑得出來，下午茶或晚餐都能給你端上，甚至還會打一把通關鑰匙，讓你隨時都能進出。

要擁有這樣的福利，很簡單，在我還沒離開券商代操的那個遙遠年代之前，只要你一個月的交易量有5,000萬，就可以任選三人座VIP室的任何位置，8,000萬則是二人座，若你每個月的交易量能達成1億，當然就能擁有個人

包廂。

　　但醜話說在前頭，這是滾動式調整，不代表你終身擁有這些福利，一旦你三到六個月內達不到業績水平，營業員或經理會很客氣的說：「不好意思，因為我們最近要裝潢，所以請先把您的私人物品移走，等裝潢好後我們再通知您，謝謝您一直這麼照顧我們，造成不便，還請您見諒。」有時經理的後頭還會跟著警衛，擺明了若你不走就會被抬出去。不過通常大家都能配合，畢竟投資股票的人都很在乎面子，他們會趁著下午收盤後沒人在時，趕緊收拾東西離開，或是把私人物品全權交給營業員當垃圾處理掉，儘早遠離那個傷心地。

　　不過說也奇怪，當時老陳所屬券商的個人包廂只有一個，而且多年來的使用者，就只有老陳一人，營業員說她從年輕時就跟著老陳到現在，想說以後交棒給自己女兒繼續服務他。

　　我看著風韻猶存的營業員阿姨，著實嚇了一跳，掐指一算，至少有超過二十年，老陳都是這個分點個人包廂的擁有者。雖然已經當了老陳一陣子的鄰居，我這個包廂也從來沒人進來共用，但還是想一窺究竟，於是找了個時間跟老陳打個招呼聊聊，順便探探對方底子。

「你也性陳？那麼剛好，我從來沒跟你聊過，來，泡茶還是喝咖啡？看你年紀輕輕就可以在這裡，我就一直想找你聊聊，哈哈哈……」老陳熱情的招待著。

「陳董（這年紀的人喜歡被人這樣稱呼），我喝茶，聽說你已經在這裡待超過二十年了？」我心想，太好了，對方既然想聊，我就直接開門見山，不用繞來繞去。

「那些『聽說』的事其實很多都不是真的，不過我確實是在這個分點成立沒多久後，就來這裡下單了，李小姐（營業員）幫我安排這個位置，他們服務很好，所以我乾脆一直待在這裡，應該是有超過二十年啦！來，喝茶……」哇，真的是原住民（一開始就住在這裡的居民）！

「茶好香，嗯，順口回甘，所以你真的是美術館那裡的大地主囉！」很少喝到這麼好喝的伯爵紅茶的我說。

「這是從英國買回來的，不錯吧，我一喝就愛上，常叫我女兒女婿寄給我，聽說是維多利亞皇后最喜歡喝的……你別聽營業員亂說，當初我確實是賣掉祖傳的一塊地給建商，不過地也不大。我本業是開超商的，以前超商沒那麼多，我手上剛好有筆資金就加盟了。一開始雖然很累，但是跟我老婆兩個人加上兩個員工一起打拼，業績還不錯，後來我乾脆跟房東把店面買下來，省下 筆租金，

這樣慢慢做，最多的時候有五間店，7-11跟全家都有，現在都丟給小孩去發展了。」我內心驚嘆，這可是麥當勞成功的關鍵作法——經營速食只是副業，當地主與養店面才是本業。

「那怎麼會跑來買股票？還且還能一直待在這裡，你每個月的成交量應該都破億喔！」我看著茶葉罐，決定下次去倫敦溫莎堡的時候也要買一些。

「我年輕時就有在買股票，只是一開始都亂做，直到買鴻海才賺了不少，那時漲到375元，有賺超過1元（以前大戶喜歡稱1億為1元，代表謙虛）。後來，阿扁上任崩盤，很多親朋好友都賠錢了，他們一聽到我不賠反賺，就開始找我代操。我跟你說，一開始大家都說自己沒錢，結果我幫他們賺到錢後，他們連夜生出一堆錢給我，甚至營業員還介紹一些不認識的散戶來。所以只要你有本事，錢就會一直來，台灣錢真的淹腳目啦！」最後這幾句話，我不知已聽過多少遍了。

「那可以透露你現在每個月的成交量有多少嗎？」

「我每個月的手續費退佣至少有六位數，有時股市熱一點，還有七位數。」

這個老狐狸不直接回答而是在考我。我在心中快速推

算，以券商大戶的手續費折扣計算，一個月能拿十幾萬退佣，那麼成交量至少能達到1億；若退佣要拿到百萬，就得買賣超過10億。

另外保守估算，假設每個月拿一半的資金做短線或當沖，要達成這樣的業績，那麼本金至少要有2億元，當然我也有看過本金只有幾百萬，每個月卻能衝出1億成交量的投資人，只不過他們都很快消失在VIP室。我也曾在台南、虎尾與高雄左營、岡山見識過當沖大戶的手段，但那畢竟是極少數的成功人士，所以我認為陳董能在這裡待這麼久，有可能一開始也這麼衝，可是隨著資金與年紀漸增，現在應該最多只拿二、三成的資金做短線吧？這種基本常識的資金控管，常見大戶使用，這一點我倒是想問清楚。

於是我說：「那至少每個月有超過1億喔！不過我想陳董不會把所有本金都拿去做短線，你能待這麼久，應該還不包含獲利的分紅獎金吧？」

「嗯，小陳，內行的喔！我通常只拿一、二成資金做短線，其他都是抱股票。兩個收入加起來，通常二到三個月就可以買一輛國產車了。」一成？我心想，那他的總資金應該有3、5億以上，甚至10億。（只是我一直不懂，為

什麼人們老愛把獲利或虧損，用國產與進口車來做比喻，就好像小時候去飯店用餐，明明就三個人，老爸卻老是說2＋1，是一種說話藝術的概念嗎？）總之，陳董讓我看到屬於自己的未來，對話也應該見好就收了，第一次見面別一口氣把話題聊完。

「陳董，你會不會怕股市崩盤啊？像你這樣的操盤手，如果遇到崩盤，客戶抽資金怎麼辦？」我故作謙卑學習的態度請教。

「有什麼好怕的，大不了我就直接退休，我家還有五間超商，早就可以養活全家人，就算超商收掉，店面也可以出租。如果我回去幫忙做，還可以省一點人事成本。」

這時營業員李小姐剛好也送來午餐，小小的雞肉飯便當加個滷蛋與高麗菜，雖說是熱門的在地小吃，但很難想像陳董的午餐就與他的穿著一樣簡單。看著有按摩椅、冰箱、微波爐、研磨咖啡機……宛如小套房的VIP室，在我腦海裡徘徊的並非是他操作的10億資金，而是他總是在為自己留後路，就連衣食也樸素到沒人認得出來，這對人生、人身安全與紀律絕對有幫助。因為我看過太多操盤手恣意地花費，就算曾經有大幅獲利，終究還是得離開VIP室。

當我關上陳董的房門時，我看見另一位鄰居的交易室中，又有許多投資人來拜訪，一間小小的三人VIP室裡擠了快十個人，他們聽著「老師」說著各種分析技巧，在股市上漲時歡笑聲不斷、訂購美食慶祝，在股市大跌時我也曾聽到有人在裡頭獨自啜泣。對照陳董的低調生活，哪一種才是真正的有錢人？哪一種才是人人稱羨的生活呢？

　　我反問自己：能摒棄外人的眼光與掌聲，過著長年平淡無奇、鮮為人知，卻荷包滿滿的生活嗎？

---

┤ 真實案例 *6* ├

## 只做波段，
## 每次出手就是300口期貨的眼科醫師

---

　　「每隔三十分鐘到一小時，眼睛要休息一下，起來喝水運動運動，沒什麼問題，你只是用眼過度，還是很痠的話就點些眼藥水，下星期若還是不舒服再來回診。」醫師一字一句慢條斯理地說著。

　　「謝謝，咦，醫師你也有投資股票嗎？」看見桌上的手機開著股票APP，遇到同好當然有共同話題可聊聊。

　　「沒啦，我的小興趣，買幾口期貨玩玩，你有買股票

喔！」

「有啊，不過期貨波動很大，醫師你還要看診，有空盯嗎？」

「我都是做波段啦，所以不用一直盯！」這時我的腦袋叮了一聲，雖說自己開診所執業的醫師薪水很高，但會喊說期貨做波段的，在我遇過的投資人中算是極少數，而且每個都有相當的經濟實力。

於是我鍥而不捨地追問：「醫師，我聽說期貨做波段的人一次都會下很多口，我有個朋友一次可買100口大台⋯⋯你呢？」

「100口？我也差不多，通常是300口大台，或是500口小台。」

300口？要知道期貨保證金，雖然期交所會依據指數高低做調整，但為了方便計算，投資人通常都以10萬元台幣作為一口台指期貨的計價單位，換句話說，交易300口等於要有3,000萬的下單本金（而一口小型台指期貨，通常會以2.5萬作為簡易的計價單位）。

另外，由於期貨波動極大，不會有人傻到只有10萬元本金，就全部拿去買一口台指期貨，通常至少會多存3到5倍的保證金到下單帳戶，也就是行話說的1：3到1：5。

更簡單地說，就是30或50萬做一口期貨，而小型台指期貨的算法也是一樣。所以，要下300口期貨，至少會有1至1.5億的本金作為保證金。

我在心中一算，繼續問道：「那你用幾比幾的保證金啊？」

「我比較保守啦，用1：4，因為我真的沒時間看盤。」我心想，那就是本金超過1億囉！自己開診所的業績這麼好哇，不過想想也是，現代人離不開3C，眼科生意應該媲美醫美，甚至超越才對。

「那為什麼還要分大小台呢？」

「因為有時候不確定能不能賺，所以會先用小台試試，畢竟我又不是每次都看對。」我一聽就知道這是行家的作法，當然做波段的方法大同小異，因此這部分我就沒有多問。

「醫師太謙虛了，能下到300口，代表長年勝率至少有60到70％以上。不過如果看錯，賠起來也是很可怕，你沒有想過要換做股票嗎？」

醫師還是一副慢條斯理的說著：「股票太多，我看不懂。其實我的工作很穩定，幾年前我跟房東買下這間三角窗店面，整修改建成五層樓，上班自住都在這裡，支出很

少。就算保證金沒了，我還是可以養活自己啦……所以你都買股票嗎？」我心想，又是一個麥當勞經營理念的認同者。

「對，我比較喜歡股票，期貨很多年沒碰了，沒辦法賺錢的地方就少去。」

「嗯，在專精的領域窩著就好，我也是這樣想。」這就是贏家的思考模式，難得遇到同好也有共同的投資邏輯。

領完藥之後，看著醫師精彩的醫學經歷，最後選擇自己創業開診所，更有與眾不同的投資原則，難怪可以打造這樣的經濟實力。或許每天看診的平淡生活，透過期貨無邊界的投資交易，讓他的心靈更為豐富吧！


人們總是說投資期貨的風險極高，其實這只說對了一小部分。期貨雖然波動極大，賺賠速度頗快，但若有甲乙二人，都下了一口台指期，而且均虧損 1 萬元，對於 1：10 保證金的甲投資人來說，1 萬元等於他本金 100 萬的 1％，他還有很多本錢可以反敗為勝；但對於 1：2 保證金的乙投資人而言，1 萬元的虧損就等於總本金 5％的虧損，要賺回來得更加把勁。

此外，我很少遇到買賣期貨卻鮮少看盤的投資人，因

為期貨波動大，大多數的投資人每天都會緊盯盤面，一有風吹草動就瞬間出場。這麼做的好處當然是買賣快速，但為什麼要一直緊盯呢？最常見的情況就是保證金太少，卻玩得太大，用保證金1：1或1：2做期貨的大有人在。

對期貨投資人來說，保證金越多倍，風險就越低；保證金越少倍，風險則極高。所以正確來說，期貨的風險，價格波動只占極少部分，「保證金倍數」才是決定能否降低風險，而且大賺一段的保證。

我心想，醫師用1：4的保證金投資期貨，診所又省下了租金，還可以養店面，加上本業穩定成長，假如給他足夠的時間，看診有可能不再是他的本業，而是轉為他的副業也說不定。

---

真實案例 7

## 每次進場只想賺5%的「0050」大戶

---

「老師，你星期五有空嗎？我請你吃飯，想跟你聊聊……」

「抱歉，我不跟學生或客戶應酬，你有什麼投資問題可以在這裡討論。」我多年來的原則，總不能為了一個大

叔打破吧！況且人生不是只有投資，還有其他美好的事物，如果連吃飯都只圍繞在投資話題，總會讓人感到疲乏。

「不好意思，老師可能誤會我的意思了，我不是要跟你討論股票，只是覺得你很多投資觀念很棒，也跟我很像，所以遇到同好想多聊聊。」

「那很好啊，下星期的課你可以提早過來，我通常會早半個小時到，我們可以在其他同學還沒到之前討論，你先把想說的重點列出來互相交流。」我心想，這個教室裡的每位成員都是同好，但要找到想法真正契合的投資人，長年來有如大海撈針，所以我禮貌性的又婉拒一次。

看著我一直不願參加邀約，他終於說出自己的想法：「老師，我是想跟你分享我是怎麼投資的，這是我的投資帳戶（他打開股票APP給我看）。我以前生過一場重病，待過醫院的雙人病房一段時間，因緣際會遇到隔壁床的老先生，他教了我一招，我這十幾年來都是這樣用，用得很順，不過最近我想調整一下作法，所以想請老師聽聽看我的想法對不對。」

看了他的持股，只有一檔0050（台灣50），當時在2014年的最新價格是69.4元，他的獲利約5%多一些，看來是剛進場沒多久，但這個報酬率也算很不錯了。不過再

仔細一看，他持有的張數約為1,490多張，我立即心算，假如一張以70元的整數計算，就是7萬，1,490張等於有1億的資金單壓在這檔股票上，我可沒看過這種作法，況且就算獲利5％，也有500萬的利潤。

這可真引起我的興趣，於是立即答應相約週五傍晚在高雄漢來飯店的LB大廳酒廊見面。

要是沒遇見這位大叔，我也不會明白自己有一個非常嚴重的投資弱點——我花了八位數的資金和失去所有客戶，才學會這堂寶貴的投資課，還有，認識另一個自己。

很快地，週五下午到了，雖然跟對方約五點半，但我總是喜歡提早抵達。我選了一個角落的位置，背對牆壁除了有安全感外，也能看見所有人的一舉一動。

漢來飯店一樓的酒廊，其實餐點普通，但由於九樓的宴會廳固定承辦婚宴、家宴、演講與企業會議，扶輪社、獅子會、青商會等民間社團也總會在每週五或週末舉辦例會或大型活動，所以這裡進進出出的人們就算不是政商名流，衣著至少也都光鮮亮麗，而且與會人員在樓上的活動開始之前，通常都會在一樓LB酒廊聊天，為即將舉辦的聚會暖身。

貴婦們總是會聚集在一桌，桌椅上擺著的通常都是愛馬仕（在這裡，香奈兒與LV是上不了檯面的），綁著梳洗好的包頭，聊著精品、美食、投資、旅遊還有男人；紳士們通常也會聚在一塊，雖然沒像女士們曬包，但總會把車鑰匙擺在桌上，當然，雙B也只是標配，他們聊著球賽、高爾夫賭局、手錶或是投資，當然也聊女人。總之，每週五下午與傍晚，這裡總是非富即貴。

每次來到這裡，我總喜歡坐在角落喝茶看書，並觀察每個人的肢體語言。如果不是要參加樓上的聚會，通常僅會穿著牛仔褲與球鞋的我，就像走進森林的羔羊一樣，偶爾會招來異樣眼光，但久了也就習慣不以為意。

想著想著，大叔學生準時赴約，他穿著簡單的POLO衫與休閒鞋，坐下來看了我一眼，笑著問我有沒有來過這裡，在介紹這裡的餐點之後，他表明這一頓由他請客。接著他揮手招來服務生，幫我點了評價頗高的海南雞飯與白酒，自己的餐點則向對方說：「一樣。」服務生聽完微笑點個頭，轉身離開。

從點餐這個動作就可知道，我眼前的這位大叔，自信心與掌控慾極強，加上他說話時一直左顧右盼，就像抱著背包走在歐洲街道一樣，不知是怕有人襲擊或偷竊，還是

在尋找熟人，直到我跟他換了座位之後才停止，可見他的防備心極高。重點是，週五傍晚想訂到 LB 大廳的位子並不容易，而且服務生還記得他的餐點喜好，若他不是長年消費的老主顧，就是具有政商地位的創始會員。我所推測的這一切，都在後續與之相處中得到驗證。

「課堂外就別叫我老師了，我們互相稱呼名字就好，今天我是來聽你的傳奇經歷，也向你學習學習。」我先釋出善意，畢竟是對方請客。

「別這麼說，那我叫你小陳好了。我上過很多老師的課，你的課我最喜歡。其實我以前在大陸開鐵工廠，直到 2009 年把工廠賣掉才回來台灣。」鐵工廠？我所認識的老闆都是土豪等級，眼前這位大叔該不會也是？

「鐵工廠？做螺絲嗎？回來台灣也可以開在路竹啊，怎麼不繼續經營呢？」我問。

大叔頓了一下，笑著說：「你也知道噢？不過我其實是因為太拼、生大病才回來的，然後在長庚一住就將近一年。本來是要住單人房養病，結果沒床位，醫院先安排我住二人房，結果反而認識一位老先生，他教了我一個方法，讓我決定放下再開工廠的想法，先專心做投資。」

什麼方法？真好奇，但我得擺出一點都不想知道的態

度，直接轉移話題，這招與這種個性的人應對通常很有效。

「那你現在身體還OK嗎？有要再回大陸嗎？」

「每半年都得檢查一次，尤其是我的心臟，所以我不可能再回大陸了，而且在那邊開工廠，動不動就得被工安檢查，規定一堆比台灣還硬。以前還可以靠送禮，但現在打貪，連請喝杯飲料都有可能被舉發。內地員工很有企圖心，學得很快，比台灣人好帶太多，可是等他們學完就自己出去開，不過想想以前台灣也是仿冒日本、美國，然後再回頭打，台積電不就是這樣來的嗎，其實大家都一樣……」

大叔的話匣子一開，抱怨就跟著來，這反而省掉我找話題的時間，就聽他扯遠，不過內容也跟我在對岸所見的差不多。

沒多久，餐點送上，我總是告訴自己：這裡是吃貴氣的，不用太在意吃下肚的食物。

就這樣邊吃邊聊，直到他忍不住提起要跟我說的那一招投資法：「跟你說，那時我躺在病床上，沒想到隔壁床也是從大陸回來的，看他每天都盯著股票節目，打電話下單，幾天下來我好像也懂了一些，覺得股票沒那麼難。他出院前教我了一招，說這招很好用。」這時我拿起加點的

柳橙汁喝了一口，背往後靠，笑著看他（這時啥話都不能說）。

大叔停頓了一下，喝口水說道：「我買股票只買0050，下跌接近5％就買進，上漲差不多5％就賣出。像我那天給你看的時候，它從69元跌到65元，差不多5％，所以我就買，等到它漲到68元以上我就賣。我每年都這樣來回做。一開始我也不信，但實驗幾次之後，我發現這招還真的管用，所以我越買越多。」

這種作法，過去我曾見識過一群老師將之用在金融股上。舉例來說，假如一檔50元的股票，跌了5％成為47.5元，他們就開始買；往上漲了5％到了49.8元，他們就開始賣——這樣來回操作幾檔金融股，只要股市沒有大跌或崩盤，一年下來也能有額外的收入。

但假如跌了5％去買，股價又繼續跌呢？那就每隔3％與5％再買一次，一路買到股票不跌為止，然後算出平均成本，往上漲5％就賣掉。又假如賣掉之後，股價又繼續漲呢？那就不會再追，而是耐心等股價再拉回5％。這樣下來，通常每年可以操作二到四次。

可別小看這一次5％，兩次10％的利潤，它除了比定存或收租的利潤還好，大筆資金的獲利也非常可怕。這就

是為什麼：**有錢人總是追求微利與保本，一般人則是追求暴利，這兩者的差別就導致貧富差距越來越大。**

只不過，用這個方法操作0050，我可是第一次看到，但作法應該差不多。只是，雖然看起來很穩很棒，但這都是建構在多頭市場裡的利潤。若套用在2008年的空頭行情，金融股一口氣跌到個位數的比比皆是，0050也從最高點72.3元下殺到28.53元。崩跌過程中，這種俗稱的「穩健股」一樣大起大落，尤其是最後的急殺趕底段，每天跌停的恐慌跌勢，要每隔5％一路往下買，越賠越多還能撐得下去，甚至還越買越多，這種說起來很簡單的投資理論，能貫徹執行的人可說是萬中選一的武林高手。

幸運的是，股票多頭上漲的年份少則三到五年，多則八到十三年，空頭則最多兩到三年就跌完，所以能使用這一招的時間還是蠻多的。

當時是2014年，距離2008年的金融海嘯已頗遠，所以這一招5％買賣的穩健技巧，其實頗受存股族喜愛，只要別遇到空頭崩跌就好。不過就算崩跌，每隔5％往下買，其實總有一天也能買到最低點，只是這樣的心理素質與勇氣，有幾個人擁有呢？

看我在沉思，似乎失去了興趣，大叔趕緊接著說：「所

以我把賣掉工廠的錢，留了500萬做為生活費，其他的全部都投進來，現在滾到大概可以買1,500張0050，之後我希望能用這個方法，滾到2,000張以上。你覺得這個方法怎麼樣？」

這一點我倒是想試試，畢竟我從來沒有把大筆資金放在0050上，而且若能搭配中小型股操作，獲利應該更穩才對，這對我的工作與給客戶的印象可是大大加分。雖然我知道若把這個方法放在空頭市場絕對會大賠，但只要能避開風險，其實大部分時間都是很安全的。

就這樣，我們開始每天頻繁地使用LINE交流心得，也才知道大叔還有一筆資金是從2009年開始定期定額買的0056高股息ETF，根據他的統計，長年下來，0056價差與現金股息的平均年報酬率，落在3%至5%左右。像他這樣，一筆資金做偏短線、5%的買賣，另一筆資金做定期定額，兩者的獲利遠比經營工廠更輕鬆、也更穩，還不用煩惱訂單或人事管理等麻煩事。

不過我很清楚，這一切都是建立在ETF與股價越走越高的多頭環境，一旦遇到空頭修正，一定會面臨巨大虧損。所以我便暗示他「這個方法是有缺點的」，不過他透

露一個底說：「有什麼好怕的，就算股票賠光，我還有勞保跟年金險可領一輩子。」我心想，又是一個有幫自己留後路的聰明人。

由於他的口條與見聞，加上我們有許多觀念相近，因此就算年紀相差二十多歲，卻很快成為無話不談的好友，後續也讓我學到人生中極為寶貴與昂貴的一課。

聚餐結束後的週末，我們花了兩天互相研討，他說服我：由於0050絕對不會下市，所以是可以長期持有的標的，無論定期定額還是單筆投入，更不用說「5％絕招」可是經過長期驗證的，就算2009至2014年期間，曾經遇到2011年東日本大地震與歐債風暴，後續的價格還是又再創新高。

其實我明明知道：在2011年，0050曾經從62.3元跌到46.6元，跌幅高達25％，無論是採定期定額還是5％作法都會面臨巨大虧損，但在大叔慧心妙舌的引導下，我逐漸告訴自己他是對的，因為你看，一路往下買，後續還不是漲回來，而且漲更多。

我跟他看同一本書，用他的手翻頁，用他的話閱讀，腦袋裡的思路當然就會完全一樣。況且當時股市越走越高，市場氣氛極為樂觀，我開始深怕後續會漲更多，因而

決定一口氣買進大量的0050，因為就算股市下跌，每隔5％買一次，後續還是能賺。

　　雖然當時該年度的獲利已經結算，而且準備出國旅遊，但我還是重新將資金劃分成二等分，一筆直接單筆買進0050，另一筆則分為三等分每隔5％往下買。由於我長年都是用融資買賣，當然這一次也不例外。而無巧不巧地，我單筆買進0050的價格，剛好就是當年的最高價（將近70元，半年後才又漲了回來）。雖然一出手就失利，但我仍信心滿滿，因為每隔下跌5％買一次，很快又能賺回來，不是嗎？

　　可是，當我第一次下跌5％而加碼，股價卻又繼續下跌之後，我開始發現自己違背了「虧損不攤平」的長年原則，因而開始緊張起來，因為單筆部位的融資虧損已經超過10％，加上攤平的部位也套住，自己挖的坑越來越大。此時，大叔還是樂觀地跟我說，按照紀律一路往下買，輕鬆就能回本，更何況這檔股票根本不會下市。

　　大叔說的非常正確，一檔不會下市的股票，長期持有一定能賺，人們可能也覺得虧損10幾趴根本不算什麼。只不過，對手上握有客戶資金的人來說，這可是非常嚴重的損失。

10萬虧損15％，只是1.5萬，很快就能賺回來；100萬賠掉15萬，只要買到一檔強勢股，兩三天就能回本。就算用1,000萬來算，也不過是賠掉一輛國產車或進口車的入門款。

　　但是，當你的總資金加起來超過九位數，虧損15％就代表數千萬，甚至是破億的損失，這對任何人來說都是相當大的壓力，對任何一位操盤手的心理也都是重中之重。

　　我一邊對長期持有充滿期待，另一邊卻得面對高額虧損的恐懼，隨著股價下跌而逐漸失去信心，於是一路往下攤平，就連人在國外時也持續買進。很可笑的是，0050的價格不過就是從69.95元下滑至62.8元，一個多月小小11％多的修正，但我拼命地買，就連客戶、營業員都感到奇怪，為何從來不買0050，且從不攤平損失的我，會這麼樂觀地一路往下買進。

　　眼見虧損一直維持在八位數之上，有些客戶決定立即止血、回收本金，連續接到的抱怨信件，讓我驚覺不能再這樣下去，於是決定砍光所有股票。但這一砍，除了將當年的獲利全數吐光外，也意味我得面對從未有過的虧損金額，怎麼辦？

　　此時，就在我對大叔訴說內心的煎熬時，他才透露，

雖然這個方法很好用，但在2011年市場崩跌時，隨著虧損越來越大，他其實並沒有一路往下買，反而趕緊停損。直到2012年上漲一段後，才又重新進場。

對啊，這不就是人性嗎？理論與現實之間永遠存在著距離！

聽完大叔的告白之後，我立即出清所有持股，對方也消失在我的人生中。不怪別人，一切都是出自內心的貪婪與恐懼。

後續由於我急著想彌補虧損，於是開始瘋狂交易，但損失還是持續擴大。我不敢長期持有股票，因為行情已經從2009年後上漲多年，所以只敢做短線。連續多個晚上無法入眠，白天腦袋反應遲鈍，績效也一直下滑，直到所有客戶離去，讓我多年的努力歸零。可笑的是，當時股市還是往上漲的——**市場永遠非常務實，當人們認知到自己犯錯之後，它便會同時送上兩張帳單：自尊與虧損，讓你牢牢記住其中的痛。**

進入2015年，股市經過上半年的衝刺，下半年開始急跌，長期持有ETF的投資人得再度面對心靈恐懼，因為0050也下跌了25％。我不知道大叔是否還是每隔5％的持

續往下買，但我永遠記得他的話：「有什麼好怕的，就算股票賠光，他還有勞保與年金險。」

是啊，這寶貴的一課，值得珍藏，要不是他，我也不會找到適合自己個性又能兼顧利潤的ETF投資方式。我也不會學到：永遠要幫自己留條後路。

---

真實案例 *8*

## 「每年期望賺1,000萬」與「每月穩收3萬」，你怎麼選？

---

試問：若一個月的薪水是3萬元，假如全部存下來，要多久才能破千萬？答案是二十七年嗎？不，只要十多年。

李大哥，對朋友總是非常豪爽，交友廣闊，大家總喜歡找他聚餐談心。過去他是三間連鎖餐廳的老闆，在台股上12,682點與台灣錢淹腳目的九〇年代，他率領七十多名員工屢屢拉出長紅業績，並且轉投資不少房地產。後來隨著股市與房市崩跌，在收掉餐廳、賣掉房產之後，他獨自轉戰偏鄉開餐廳。幾年後股市重返萬點，他的事業也迎來第二春。

每年新年願望，他總是對我們大聲喊著：「我今年要賺 1,000 萬！」這句口頭禪，每年都聽得到，就跟他年輕時一樣的豪氣十足。

只不過，由於沒有穩定的收入，他常常都在吃老本，每天都得校長兼校工的到餐廳上班。碰到連續假期，餐廳人多業績好，但平常日有時一整天連一個客人都沒有，加上家人都住在市區，他意識到這樣長年下去，隨著自己年紀增長，根本無法在兩地之間跑來跑去，況且近年來鄉下人口嚴重外移，國旅市場也不如以往，經營的難度開始提高，於是想嘗試轉戰市中心開一間網紅餐廳。當然，他也投資過股票，但每次只要一有挫折，他總是滿嘴抱怨、退回原本經營的領域，不願往外跨出一步。

數十年下來，他的戶頭有時多有時少，生活總缺少安定感，因此脾氣也是陰晴不定，且極為依賴子女。近年來他的新年願望，也從年賺 1,000 萬轉變為「希望每年夠繳房貸」就好！

「李大哥，如果鄉下餐廳的客人越來越少，怎麼辦？你會考慮回來市區嗎？」我關切地問。

「我不知道，看存款能用多久就撐多久，市區的餐廳也不見得好做。」他無奈地回答。

＊　　＊　　＊　　＊

　　王哥年輕時從事工業儀器貿易，累積了不少資產，他當過獅子會的會長與總監，年收入至少500萬起跳，破千萬的年份也不少。隨著九〇年代股市房市飆漲，他轉投資做建商，自蓋自銷，卻沒想到建案剛完工時，就遇到股市崩盤，連帶經濟下滑，本業重創，他的建案也被法拍。

　　二十多年來，他無時無刻想要拼搏重返事業高峰，但沒了當初雄厚的本金，他只好轉戰業務，靈骨塔、直銷、保險、健康用品……只要有賺錢機會，他便投入經營，也因此有了一群志同道合的夥伴，一同打拼一同喝酒，雖然無法再享有奢華生活，但日子卻過得快活。

　　年輕時自己開公司，因此他投保了最高級距的勞工保險，也買了一些儲蓄險。後來事業解散，他還是每個月想辦法生錢出來繳保費。有時收入不穩定，就把倉庫裡堆滿的老舊工業儀器分拆，拿去賣給資源回收場，就這樣一年度過一年，直到保險期滿不用再繳費為止。

　　我永遠記得，那一年的過年他可以開始領每個月3萬多元的勞退與保費時，對我們大聲喊著：「我今年要健健康康，好好領保險，往後每一年也要健健康康。」他的口

氣就跟年輕時一樣，豪氣十足。

由於長年簡約的生活習慣，他每個月的收支都還有結餘，於是他的女兒幫他做了一些穩健投資，每季及每年都有配息的股票與債券基金成為他的生命重心，就算遇到2008年的金融海嘯，他還是一路堅持存錢與投資，發揮過去繳勞工保險的堅毅態度。

2020年全球股市來到高檔，基於他平時的存款與投資獲利，再加上業務收入，使他的財富淨值累積近千萬元，為了保全資本與延續未來的穩定生活，他們決定把基金的部分贖回，轉為躉繳即期年金險，讓生活又多一筆收入，而且一輩子永遠不怕餓肚子。

「王哥，如果股市大跌你會不會擔心啊？」我關切地問道。

「有什麼好怕的，我還有勞保跟年金險，餓不死啦！股票賠光了我都不怕！」他悠哉地說。

相對的，另一頭的李大哥，雖然為人海派，情緒卻總是起伏不定，餐廳生意好的時候，他總覺得好運會一直降臨，每年期待能賺千萬，但滿嘴都是批判、擺老，覺得所有人都做不好，也覺得所有人對他好都是應該的。

至於王哥，為人樸素，平時的樂趣就是找人聊天，順便推推直銷商品，有成交會高興一整天，沒成交也總是笑臉常開，遇到過去曾經相處、事業有成的獅子會朋友，也不會因為遭遇人生挫折而覺得自己不如別人。他總是重複跟我分享一個祕密：「會賺錢的不厲害，厲害的是能守住錢。如果守不住，在你賺錢時，就要先給自己留點後路。」

　　這讓我想起王永慶先生說的話：「你所賺的一塊錢不是一塊錢，你所存的一塊錢才是一塊錢。」人在順勢時，永遠要懂得給自己留點後路。

# Chapter
## 4

# 豐盛心態：
# 可複製的致富力

俗語說：「人是鋼，錢是膽！」


　　根據美國聯準會2021年的統計，七十歲以上的美國人擁有全美27％的財富，這些資產，最終將會全數流向繼承人手中。就連股神巴菲特也將9兆美元的財產，轉移到兒子的基金會中。英國財政部也做過類似的統計，英國人的財富，有45％全是透過繼承而來。

　　以往當我看到這類新聞時，總認為有錢人之所以富有，都是因為他們有富爸爸富媽媽，甚至是富爺爺富奶奶，才能比一般人更快累積財富。而根據我參加許多政商社團的觀察，確實有高達九成以上的社團成員，都繼承了上一代的財富與事業，也就是俗話說的：「龍生龍，鳳生鳳，老鼠生的兒子會打洞。」財富、事業、身分地位，往

往都會世襲下去，因此，當美國前總統川普被記者酸說他的成功，是因為有個富老爸時，川普也沒反駁，反而說道：「人生，本來就不公平！」這也導致許多批判這些豪門貴族的言論出現。

但事實上，當我們越討厭這些富豪時，我們就越不可能成為富豪，答案很簡單：你怎麼可能會希望自己成為那種討厭的人呢？

因此，想要成為富豪，反而要用學習與研究的精神心態，去挖掘他們如何成功的祕密。你的出生，是老天決定的，你的人生，卻可以自己決定要往哪裡走。

##  累積財富＝重複做對的事

就如同第三章那些我所認識的貴人們，他們的子女確實可能繼承他們龐大的財富，但他們的財富卻多半是靠自己打拼來的，這點無庸置疑。而且，通常生活枯燥無味、每天重複做著同樣工作的人都會自我抱怨，也會怨天尤人，更會批評政府，但最終這些人還是日復一日、繼續過著平淡無趣的日子。

我永記得每次參加激勵課程時，講師常會對我們說：

「你還要過一樣的日子嗎？」老實說誰想要，好一定還要更好，所以講師會透過各種激勵手段與團隊活動的遊戲，告訴你：想成功就必須先設定目標→改變自己→邁向成功，讓學員們知道只要堅持下去，自己就能做到。

但如果有個講師告訴你：**致富或成功的祕訣，就是做好眼前的工作，以及過著平淡的生活。**那麼這門課肯定招不到學生，甚至還會被認為是詐騙集團。

不過我卻發現，許多生活過得很好的人，他們每天也過著平凡而重複的日子，甚至有些人從未出國旅遊過（要知道，根據觀光局統計，台灣人出國旅遊的次數勇冠全球，可見我們是非常愛玩的國家，許多人不出國可能會悶出憂鬱症），但這些隱形富豪，卻往往自得其樂地過著平凡的生活，他們沒有精品名牌加身，沒有經營社群，也沒有想過要成為網紅，只是每天重複做著同樣的事。

從他們的思考與投資邏輯中，有一句話會頻繁地出自他們之口：**有什麼好怕的，就算＿＿＿＿＿＿，我還有＿＿＿＿＿＿。**

換言之，這些隱形富豪追求的是一種「穩定生活」，亦即擁有每個月的穩定收入（穩定的現金流），才會有穩定的心情與穩定的人生。

《富爸爸，窮爸爸》的作者清崎提到：「大多數人沒有

意識到在生活中，不在於你掙了多少錢，而在於你留下了多少錢。」每個月的收入扣除支出與消費後，剩下來的就是現金流，現金流越高，你的生活水平就越穩定甚至提升，就越能去做任何你想做的事情。

就如同第三章的最後一個例子：李大哥缺乏穩定的現金流，心情總是隨著餐廳的業績起伏，每天都在批評或抱怨自己老了、誰走了、誰慘賠……，家人飽受他的情緒勒索，而他也總是把別人的好意視為理所當然，嘴裡雖然說著謝謝，卻永遠不滿足，這是因為他心靈匱乏的緣故。而王哥，就算人生曾遭遇極大的挫折，經歷十多年的低潮，但在建立穩定的現金流之後，他反而越過越快樂、越來越要求自己要身體健康地過好每一天。他不在乎這個世界有多少不公平，凡事都用搞笑的角度去看待，生活也越來越穩定——他的心靈是富足的。

《聖經》中也談到，人類一開始為了填飽肚子，每天睡醒就開始狩獵，直到日落休息。上帝教會人類靠農業與海中生物養活自己與家人，不用再為填飽肚子而煩惱，因而讓人類有了更進一步的發展。從農業革命、工業革命到資訊革命，我們有更多的時間發展科技、藝術、心靈、玩樂，甚至追求宇宙未知。這都源自於一個道理：穩定的糧

食來源、穩定的生活水平與穩定的經濟活動。

　　簡單來說，有了穩定的生活與收入來源，人們就有勇氣去追求更高的境界。

##  創造穩定現金流，隨時感受鈔票的重量

　　或許看到這裡，有人會用台語說：「生食都無夠，哪有通曝乾？」意思是：「我自給自足都有問題了，哪有能力去做別的事？」如果你會這樣想，那就錯了，因為從每個月的收入中，你至少都可以存下一些錢，如果你把收入都花光，或者是吃老本、到處借貸，那麼就必須思考另外找工作或另闢財源，否則就會像原始人一樣，每天忙著狩獵、捕魚，無法讓心靈與生活水平成長。

　　每個月要存多少錢才夠呢？許多書籍或專家都告訴我們，每個月的收入至少要存下1/4到1/3才算合理。但事實上，我認為每個月存多、存少並不是最重要的事，關鍵在於，「你的錢包是否滿滿滿」。怎麼說呢？

　　我曾遇過一個券商金主，他不用皮夾，可是口袋裡隨時都會裝著一疊厚厚的紙鈔，各種面額的紙鈔都有，金額通常都在5萬元以上，甚至有時會有10萬元。若低於5萬

元，他每天出門前一定會把金額補足，否則他一整天都會覺得不順心（後來我才發現，台灣多數有錢人若不是習慣只帶一張黑卡出門，就是用袋子而不用皮夾裝錢）。

金主這麼說：「這個習慣從我年輕時就有了，那時我在擺夜市，錢都用背包裝，千元大鈔就另外一整疊收到我的口袋。每天出門，我都可以感受到口袋滿滿的幸福感，就算那時我的銀行存款不多，而且還要先墊錢給廠商，但還是覺得自己是全世界最幸運的人。」

聽完他的話之後，我馬上跟著做，也開始把5萬元的千元大鈔放在口袋中，我必須說，市面上任何研究金錢與錢包的書籍，其建議都比不上這個作法，能讓我立即感受到金錢的力量，以及認知到自己是非常幸運且富有的人。

當然，每個人的習慣不同，有些人在身上放那麼多錢會緊張，那麼你也可以把錢放在銀行中，只帶一張金卡或黑卡出門，也可以用手錶、珠寶項鍊、包包、汽車等高價物品代替——我見識過各種不理智的消費行為，一個餐會花掉數十萬、數百萬就為了展現實力的大有人在，但也看過許多理智消費，望著帳戶數字就感到滿足的人。

重點是，有了豐盛的心靈與穩定的收入，再有持續成長的存款，就算每個月僅多個幾百、幾千元，經過幾個月

或一年的實驗下來，雖然緩慢，但必定會讓你累積更多的自信，這就是「人是鋼，錢是膽」的道理，也如同名畫家畢卡索所說：「我寧願是個有很多錢卻過著貧窮生活的人。」

好了，當有了穩定的工作，每個月有結餘能產生穩定的現金流，身上也多了可以增加自信的物品，接下來就要思考：如何加速累積自己的資產？

每當媒體報導，有人靠著長期持有一檔股票，讓身家突破千萬或上億元，或是有人在低檔重壓資金，買進一檔股票然後獲利千萬時，我都會思考：這筆錢是他全部的資產嗎？或僅是他一小部分的資產？今天如果換成是你，你會把手上僅有的100萬全數拿去投資、不留給自己後路嗎？

過去我在券商聽過一個例子：有一個金融業主管，在2008年金融海嘯之前買了不少股票，隨著股市崩盤而慘賠。最後他痛下決心，出清所有股票，拿回剩下的本金之後，提取其中的2,000多萬，全數轉買0050，當時0050的最低價約落在30元。幾年過去後，股市重返萬點，靠著這檔股票，每年平均獲利接近兩成，因而讓他一戰成名。

試問：2,000多萬是他全部的資產嗎？買進0050之後，

就每天待在家、不工作等待股票上漲嗎？

　　不，2,000萬只是總資產的一小部分，而他也一樣繼續工作，藉以創造現金流，再把錢拿去買股票與發展副業。投資人與媒體看到的，只是一部分的資產表現，並非全部。為什麼他敢在股市最低點花2,000萬買股？並且長期持有呢？很簡單，就如同第三章提及的那對早餐店母女一樣，他們持續辛勤地工作，賺取穩定收入，累積固定現金流，然後再把錢拿去投資。

　　我總是聽到我的許多學生說，「怕賠錢不敢買股」，「怕背貸款不敢買房」，但他們卻把大筆的錢花在吃喝玩樂上。愛玩、愛吃、愛買、愛旅遊、怕死，本來就是人類天性，身為台灣人更是如此，但在玩樂之餘，只要有現金流，只要有穩定的工作收入，還是可以提撥資金、勇敢地去做投資。

　　股票，不一定要買高價股，也不一定每次出手都要買好幾張，就如同600元的台積電，1股才新台幣600元，10股才6,000元，一樣可以參加除權息，有現金股息可領──從零股慢慢累積到1,000股，湊成整張再交易的也大有人在。

　　房產，不一定要買整棟透天厝，也不一定每次出手就

要買三房兩廳，可以先從小套房開始，買進後出租，扣除稅金後就能創造現金流，《富爸爸，窮爸爸》的作者清崎不也是這樣起家的嗎？一間房、一間房慢慢收，這樣做的人不在少數，當初川普也是一步步地把紐約市的幾棟高樓層大樓都收歸己有。

做任何投資一定都有風險，所有的成就都是冒險而來，那為什麼有些人敢這麼做？有些人卻躊躇不前呢？原因就在於「勇氣」——人是鋼，錢是膽，當我們有穩定的收入在背後支撐，至少不會餓死，那麼你創造的現金流就可以拿去投資，慢慢地累積、慢慢地嘗試、慢慢地投入。

**勇氣，往往來自於生活的不缺！**
**財富，往往來自於冒險的勇氣！**

光有知識與勇氣，卻沒有資金，代表失敗；知識、勇氣與資金，三者兼備則能換來成功。成功帶來財富，財富又彰顯成功，如此生生不息。

# Part 2

## 實戰篇

扭轉你的致富本命

## Chapter
## 5

# 賭徒，最愛一次暴利

> 「想要贏錢，就要會算牌，不會算牌，是在賭博！」
>
> ——電影《決勝21點》

　　梭哈，也就是德州撲克，是我年少時最愛的撲克牌遊戲，當然也繳了不少學費，看著賭神周潤發、賭俠劉德華、賭聖周星馳的電影長大，窮學生當然也希望能靠賭博致富。雖然我不會算牌，但永遠記得跟牌友，把賭俠陳小刀的名言「小賭怡情」，改為：小賭怡情、中賭持家、大賭平天下。由此可見，當時對賭局的沉迷。

　　根據統計，一副撲克牌中，能拿到同花順（含同花大順，即花色一樣且按照順序排列的五張牌）的機率，就只有0.0014％，也就是說，電影裡常出現的好牌，在現實生活中幾乎拿不到，以往多年的經驗，也不過只拿過1～2

次。大部分的輸贏，其實都是靠著：

- **一對**：五張牌中有兩張一樣數字的牌，機率 42.2％。
- **兩對**：五張牌中有兩組一樣數字的牌，機率4.75％。
- **三條**：五張牌中有三張一樣數字的牌，機率2.11％。
- **順子**：數子按照順序排列、花色不同的五張牌，機率0.39％。
- **同花**：五張牌中有五張花色一樣的牌，機率0.19％。

除了這些牌，甚至是什麼組合都沒有的散牌（機率50.1％）來拼勝負也很常見。電影中常見的同花順、同花大順、四條、葫蘆等超級好牌的出現機率，加起來也不過是0.0017％。大部分時候，德州撲克的玩家都是靠著「散牌」或是「一對」、「兩對」來決定輸贏。

台灣之光撲克牌冠軍James Chen曾說：「要拿冠軍，不是要拿好牌，而是要靠邏輯、數學機率及觀察對手心理。」可見機率低的好牌並不是每次都能拿到，而且有時被對手觀察出來時，對方還會直接棄牌，反而無法贏到大錢。因此，能贏得冠軍與獎金，靠的大多只是一、兩對，

也有不少時候是靠散牌獲勝的。

在民間的賭桌上，我常發現能贏錢的人，除了要有經驗與耐心外，最重要的就是背後有龐大的經濟能力。資金少的玩家，總想一次拿到機率低的好牌，直接與對手對決，一次贏得大錢。雖然有的玩家也有理智、懂得如何靠著棄牌等待機會，但也禁不起一次又一次的賠上底注（最低下注資金）；而資金多的玩家，總是能慢慢地等待好牌，甚至折磨對手，直到好機會出現時，一舉端掉對方手上資金。

## 為什麼「貧者越貧，富者越富」？

在九〇年代股市上12,682點，台灣錢淹腳目、房地產交易熱絡的美好時代，每週六晚上，我的父親總是會提著一個黑色塑膠袋或公事包，裡面裝滿每捆一萬的千元大鈔去打麻將，週日早上回家睡覺後，下午總是帶我們去瘋狂購物與吃大餐。

我問父親，為什麼他可以常常贏錢？

父親說了一個簡單的道理：「我每次總是讓牌友們知道『我帶了不少錢要來賭』，當他們看到滿滿一袋錢時，

心裡就會盤算著要如何將之全數贏走。而他們越是這樣想，心裡就越著急，越期待能拿到好牌，打牌也就沒什麼耐性。而我就算拿到爛牌也無所謂，反正就打安全牌，盡量別放槍，或是賠得少一些。我的想法很簡單，這一袋不過就是銀行裡一小部分的錢，就算輸光，也還有存款與工作。但他們想的可不一樣，一個晚上的輸贏，可能就是一年的薪水。打了一整夜的牌下來，當然越打越沒有耐性，直到輸掉手上所有資金。我的牌技有很好嗎？並沒有，我只是比他們多了一些存款與穩定收入，而他們都是來賭身家或生活費的。」

這個道理我完全懂，因為從我高中開始，所有生活費用都得靠自己，這讓我迷上賭博，希望能藉此賺到大錢，因此四處征戰高雄所有的電子遊樂場與賭場。結果有因此而大賺嗎？當然有，一晚獲利十幾萬曾出現過，但大多時候都是在繳學費。為什麼？

原因很簡單，我的內心十分匱乏——深怕口袋裡的一點生活費就此輸光、深怕輸光後接下來不知得去哪裡籌錢。於是，當拿到爛牌時內心就唉聲嘆氣，沒有耐性把每一局打好，因而就算贏了一晚，過沒多久也會全數吐光。

美國TLC頻道的節目《樂透夢想屋》，主持人大衛‧

布羅姆斯塔的工作就是帶著百萬樂透得主去尋找他們想買的新房子。一開始,大衛總是會到樂透得主的家中探訪,討論挑選新屋的條件,當然也會順道參觀他們的老家。有趣的是,根據該節目播放六季的統計,真正無家可歸,或是原先居住環境極差的樂透得主不到10%,其餘90%反而都是生活富足的家庭居多。

這完全符合《新約聖經・馬太福音》中所說的:「凡有的,還要加給他,叫他有餘;凡沒有的,連他所有的也要奪去。」這在經濟學上的解釋,就是我們常聽到的「貧者越貧,富者越富」。

 ## 年年穩賺,更勝一次爆賺

在我所見的學生裡,也經常會看到這種現象——資金越少的人,往往都在尋求一夕致富的機會,如同賭徒。他們希望幾天或幾個月就可以大賺好幾倍,所以他們討論的標的,往往都是產業前景或業績不穩定的飆股,而且非常排斥漲勢緩慢的大型股。小型飆股大漲大跌、上沖下洗的情況很常見,加上頻繁交易或天天當沖,雖然偶有大賺,但最終導致投資與生活都十分緊繃。

至於資金越多的人，則會尋求穩健的股票，有時甚至只投資台灣前五十大企業，他們不在乎股票會不會每天漲停（事實上也很難每天跌停），要的僅是穩健的漲勢與配息，每年讓本金成長20％，十年資本翻10倍，與股神巴菲特的績效相近就非常滿意。其餘的時間，就是好好工作，創造更多的現金流，讓生活不虞匱乏。

　　長年下來，追逐飆股的人，績效與本金大起大落；追求微利與保本的人，資產反而累積得越來越多，這印證了一個道理：**賭徒，一次大賺；不缺，大賺一生！**

　　因此，要如何讓自己感受到「不缺」，進而累積更多的財富呢？

- 穩定的工作。
- 穩定的生活。
- 穩定的家庭。
- 穩定的投資。
- 穩定的現金流。

　　當投資人買到一檔容易大漲大跌的飆股，例如2021年的海運股，雖然容易連續拉漲停板，但也會連續大跌甚至

連續跌停，除非你買進的成本非常低，否則每天都會抱的神經緊繃，吃飯睡覺上班都會擔心。但如果換成金融股或0050、0056等ETF，雖然不見得每天都飆漲，但只要能控制成本，長期持有而獲利的機率就會大增。

當然，這並不代表漲勢強勁的海運股就不能買！股票在每個漲升階段，都會有幾個特定的買點出現，勝率高且風險低，只要能把握住，隨著股價飆漲，本金反而更為安全。此外，由於股價快速攀高，回收本金的速度還能更快，剩下獲利的部分就等於是零成本，投資人的心情與資產自然就不易受到股價波動的影響，這也是另一種可以讓自己立於不敗之地的穩健作法。

擁有所有「穩定」的事物，心情就不容易大起大落，內心自然越來越豐盛，自然就能夠吸引好的事物與成果。

## Chapter 6

# 多數人都在為「房東」與「大股東」工作

> 「你不是在漢堡業，而是房地產業。土地，這才是價值所在，與更多的控制權。」( You're not in the burger business, you're in the real estate business.Land,that's where the money is,and more then control. )
>
> ——電影《速食遊戲》

　　民國38年國民政府撤退來台，當時台灣居民對於打敗仗且紀律鬆散的國軍非常反感，人人都會拿日軍與孫立人將軍在鳳山的部隊做比較。而國軍打了好幾年的仗，來到台灣看見居民過著吃好、穿好、用好的日子，民風剽悍，賣的東西又貴，覺得這些人根本是奸商刁民，因此雙方互看不滿。有許多在地勢力（地主）便想沿用日軍制度來反抗政府新制，但「槍桿子出政權」的觀念仍在，政府當然

開始鎮壓，可是這樣長久下去，反而累積更多民怨。於是，為了要削減地方勢力，大官們想了個辦法。

在接收日本統治時期留下的國營事業後，不管是糖業還是林業，確實都非常好賺，內需外銷需求量也極大。所以政府就拿上海幫炒作股票的經驗，發行了這些事業的股票與債券，並到處宣傳給地主們知道，告訴他們：這些股票不僅會漲，還會有利潤分配，遠比你們靠土地收租來得好賺，只要拿土地權狀來換就行啦！

當時地多人少，土地便宜，因此台灣人愛賺錢的天性開始爆發，地主們都知道日本人光靠這些事業外銷就不知道賺了多少錢，因此非常踴躍的拿土地去換股票（開始忘記反抗），一時間人人都是台糖、台泥、台紙、農林、工礦等綜合股的大股東，好不開心。可過了不久卻發現，這些股票沒得賣，沒人要收，股價也不會漲，更別說利潤分配只有一點點，於是開始抱怨政府騙人。

這時上海幫的成員便私下告訴地主們：不用擔心，我會用高價買回你不要的股票，讓你們大賺一筆。於是地主們便把股票賣回給私下收購的上海幫，一輪下來雖然手上現金變多，土地卻都入了國庫。而滿手股票的上海幫，當然開始大力炒作，隨著股價越來越高，原本賣掉的地主們

一開始不相信，但後來也瘋狂加入這場金錢遊戲，在高檔接了不少大戶丟出來的股票。沒多久，為了穩定政經局勢，政府嚇止投機打擊炒作，股價因而持續下跌，地主們最終只剩滿手的雞蛋水餃股，沒了現金也沒了土地，全轉到政府手上，政府就此成為全台最大的地主。

但股價崩跌也是會引爆民怨，因此政府乾脆把這些崩跌後的股票低價買回，全數回收，變成政府100％持股的國營企業。另外也展開土地改革，將收歸國有的土地販賣或出租給原先地主手底下的佃農與老百姓，實現耕者有其田的美好社會。利用金融手段，繞了一圈，打擊強豪，培養庶民粉絲，政權自然逐步穩固。

而上海幫在高檔賣掉股票、滿手現金後，則開始做起了放貸，隨著業務積極拓展而成立為銀行。除了有穩定的高額利息收入外，也開始瘋狂收購便宜的土地蓋起透天與大樓，販售給一般大眾還可順便收房貸利息，就這樣順理成章的成為財團，並公開發行股票掛牌上市。

後續他們又以同樣手法再炒作一次股票，反反覆覆直到現今，主導著政策、政治與你我的生活，這樣的手段至今日趨活絡也更為合法。

因此大多數人的一輩子，都是在集團旗下工作，或是

為了房產努力奮鬥，這種情況全球皆然。而既然我們都是在幫地主或大股東工作，那麼只要想辦法成為他們的成員，也就代表著資金可以加快速度累積，不是嗎？

 ## 麥當勞的成功模式

全球最知名的連鎖企業麥當勞，創辦人雷‧克洛克（Ray Kroc）初期雖然將事業經營得有聲有色，但每個月龐大的土地與冷凍電費支出，就把他的利潤壓到4％以下，加上還得扣掉給麥當勞兄弟的授權金，導致每天都被銀行與帳單追著跑。直到財務長哈利‧桑尼伯恩（Harry Sonneborn）對他說：「你以為麥當勞是個只賣漢堡的餐廳嗎？那就大錯特錯，麥當勞是一家地產經營商，你應該做的就是找到地點好的土地，然後租給加盟商，這樣每個月就會有穩定的現金收入，還有更多的資本擴張。」

於是，麥當勞雖然每七十秒就可以賣出一個漢堡，但卻在美國大量蒐購土地，並出租給加盟商，或是加盟商看中的店面，由麥當勞去買下改建，不管哪種方式，均簽約二十年收租，並享有1％的營業收入。這讓麥當勞在加盟商賣出漢堡前，就有每個月穩定的現金流。

隨著美國的經營成功，麥當勞開始轉型做授權商，將自己的事業開放給全球加盟，但前提是，土地必須得是麥當勞的——廠房得由麥當勞蓋或監造，然後租給加盟商，並且簽約二十年。有了授權金、土地機具租金、1％的營業收入，讓麥當勞一舉成為全球前五十大企業。

如今，麥當勞帳上約有價值近450億美元的不動產（2021年隨著全球土地房產市值創高，更有機會突破500億美元大關，相當於1.5兆台幣），雖然直營改授權的策略，導致營收下滑，但整體淨利卻創下新高，確實是走品牌經營的標準模範。

而麥當勞頗重視員工的權益，在這樣幸福企業底下，台灣麥當勞統計，自家員工人數就高達2.3萬人，在享有優質福利與職涯發展制度下，有人甚至一做就是二十年。

近幾年，接手麥當勞在台灣事業的仰德集團，雖然花了51億台幣收購，但根據媒體報導，每年就可創造出20至30億的現金流。

有了這筆穩定的收入，該集團近年開始大幅進軍營建業，蓋起一棟棟品質優良的建案，往往一推出就被秒殺，這與麥當勞擁有穩定現金流後，開始往外打造事業版圖的手段如出一轍。

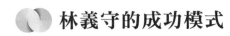

## 林義守的成功模式

再來看另一個例子，燁聯集團創辦人林義守先生，在五十歲時曾經負債超過600億，其中在收購高雄觀音山土地就花了不少錢。

高雄在地人都知道，以前的觀音山雖然距離知名景點佛光山頗近，但一直是砂石車與資源回收業者偷倒廢料或私自採挖的地方，永遠人煙稀少。直到林義守收購土地，轉型發展成義守大學、義大世界，後續又開了義大醫院，才逐漸成為知名百貨與遊樂勝地，一時間人潮湧入不絕，一到假日總是遊覽車與人潮滿滿。

有了大學與醫院的穩定收入，加上百貨業的租金，就算山上蓋好的豪宅銷路不佳，卻也不影響義大世界的經營，曾經創下營業額60億、800萬人次消費的紀錄，穩座國內Outlet龍頭，並於2010年後開始往市中心發展與收購土地。

隨著百貨業的競爭增加且地處偏遠，義大世界業績快速滑落，就算假日也人潮稀疏，但此時位居市中心的義享世界早已如火如荼的展開建造，A館於2021年開幕，B館則預計2023年完工。搭配周遭已經成形的高雄市立美術

館、Costco、大樂、漢神巨蛋、悅成廣場等商圈，龐大的集客力，讓義享世界一開門就創造無數佳績，每日湧進上萬人潮，就連員工車輛都得停到隔壁的Costco停車場才夠用。

要知道百貨業其實就是收租業，只要你能匯聚人流，或是處在人潮熱絡的地區，廠商就願意進駐。除了每個月穩定的租金外，還有營業額的分享收入，這讓林義守永遠滿手現金。

＊　　＊　　＊　　＊

仔細觀察就會發現，無論是麥當勞還是義享世界裡的廠商與員工，都是在幫地主或大股東工作。每天八小時，每週七天，一整年辛苦付出。

而在義享世界對面的店面，也由於人潮滿滿，吸引了許多商家進駐，只要店面一招租就瞬間成交。這些承租的店家，其實也是在幫房東工作，不是嗎？

這種現象從人類進入農業時代就已經展開——所有人都在為地主與大股東工作，直到永遠！而地主最終也會陸續發展成集團，並將股票上市，直到永遠！

既然如此，那為何我們不也跟著努力成為其中的一員呢？你可曾想像過，除了自己的工作收入外，每月、每季、每年，都還能有另一筆穩定的現金流到口袋，甚至比自己的月薪還多？

　　該怎麼做呢？請繼續看下去。

# 打造三種收入，
# 建立一輩子不缺的
# 富活人生

俗話說：「人兩腳，錢四腳！」


一般老百姓自出生，到念完國民教育學業後，無論是否進入大學，下一步當然就是找份工作，學習職業與職場經驗，這是90％以上的人固定的人生過程。

有了穩定的工作，就可以買房、買車、成家立業；有了小孩後，每天努力的打拼，只為了讓小孩過更好的日子；等孩子們長大後，繼續為了退休後的生活努力。

為什麼我們可以花這麼多年，每天做這麼多事？

原因很簡單——要有一份工作收入，用這份收入來支付各種帳單、貸款、保險、玩樂、消費、教育、健康、喪葬……，若是不做或是長久曠工，就沒了這份現金。

## 主動收入：累積資產的重要基數

財經專家們把這份收入稱為「主動收入」，也就是不工作就沒有的現金。

相信很多人都一樣，現在能維持生活的工作，並不見得是自己喜歡的行業，所以每到年底，就有很多人想要跳槽，想在新的一年換個工作。不過讓我們想想，這個主動收入，目的就是為了要支付生活上所有開銷，不管薪水有多不滿意，但仍得穩定才行。因為唯有吃得飽（一開始不一定要吃得好）、睡得著、給自己留有後路，才有力氣去追求更高的價值。

雖然我們經常聽到「置之死地而後生」這句話，意即「不用想那麼多，放棄無聊的工作、創業做自己喜歡的事」，但聽到的多只是少數成功的範例，實際上絕大多數都是失敗收尾，又重返領薪水的職場。

「打仗打的是軍備」，這句話在軍隊中常常聽到。不管什麼樣的戰爭，前方的戰士多會打仗，到最後拼的就是誰有更多的糧食與裝備，誰活下來的人更多。第二次世界大戰初期，歐洲戰場被德軍橫掃，亞洲戰場則被日軍肆虐，尤其德日兩國的空軍更是沒有敵手。戰爭結束後，許多專

家研究，一開始所向無敵的德日兩軍，為何到最後空中戰力會急速衰退？地面戰力也跟著兵敗如山倒呢？

在當時，德軍的斯圖卡轟炸機、梅塞施密特戰鬥機（或稱109戰鬥機），是德軍閃擊戰的成功關鍵，無論是飛機的製造技術與飛行員能力，都超越歐美聯軍許多。根據統計，德軍的一架戰鬥機可以與聯軍的三至五架在空中纏鬥，並取得勝利。而日軍零式戰鬥機的勇猛形象，至今也仍經常在許多電影中見到，由此可知亞洲戰場根本沒有他們的對手。那為什麼最後還是輸了？

戰爭專家們最終發現，當歐美聯軍的飛機被德軍給打壞之後，如果還能飛，就一定會想辦法回到基地。如果不能飛，飛行員會立即脫逃跳傘，而被搜救回駐地。但德日兩軍非常重視榮譽，要是打輸了，很簡單就是找敵方的艦隊或是重要建築一頭撞上，壯烈犧牲遠比回去被判軍法或恥笑來得榮耀。因此到戰爭中後期，就只能換年輕、缺少臨陣經驗的飛官上陣，而此時歐美聯軍的飛官可是經驗值滿滿。

仗打到最後，除了美國設計出具有較強防護力的閃電、地獄貓戰鬥機之外，加上原先打輸逃回來的飛行員也有了更多的對戰經驗，去對抗德軍年輕卻沒經驗的飛行員

（有經驗的都犧牲了），當然就輕鬆許多，進而逆轉整個戰局。後來對上日軍也是一樣的作法，直到戰爭結束。

我們可以看到，其實美軍的作法很簡單，雖然起跑點輸給德軍，但就是想辦法「活下來」，並且累積經驗，隨著自己的實力逐步增加，就有扭轉戰局的機會。

同樣道理，如果「主動收入」的工作能符合自己興趣當然最好，但若不能滿意，至少也能把日子過下去，這才是重點。在第三章的例子中，無論是開早餐店還是在軍隊服役的主角，誰會喜歡每天做固定、一成不變且疲勞的工作，但他們都很清楚，這是打造更多財富的基礎，再怎麼無聊無趣的工作仍會一路堅持下去，肚子餵飽後就能往外擴展戰績。

 ## 被動與半被動收入：保護資產的關鍵乘數

但若是主動收入這塊僅足以支付生活必需，卻無法增加更多的現金流，這時就得想辦法兼差。自從2008年後，隨著退休年齡一直往後延，物價房價急遽竄升，人們開始意識到自己的工作並不能養活一輩子，於是紛紛開始尋找另一份可以兼顧的事業，俗稱斜槓或斜槓人生。

有些人發展斜槓人生，只是為了興趣，例如下班後學習插花或是繪畫，但這裡要說的，則是可以創造「多一份收入」的斜槓工作。這份收入，雖然也得花時間經營，但人在睡覺或休息的時候，它還是可以獨自運作並創造利潤，我稱之為「半被動收入」，也就是花少少的時間，卻可以創造更多現金流的工作。

2019年，《遠見》與《天下雜誌》對大學生做意見調查，「畢業後你希望能從事哪樣的工作？」數據一出，眾人驚嚇。號稱「科技島」的台灣，過往人們畢業後，首選的一定是到台積電等電子企業工作，隨著股價創新高，還流行起聚餐時掛著台積電工作證來彰顯自己的身分。此外，或是跟名模林志玲一樣，走上伸展台與演藝事業。

但如今學生的第一志願，卻是：網紅。

由於網路普及與Youtube分紅制度，使得許多人們發現發布與製作影片的收入，年薪高達千萬的居然大有人在。若再加上商業合作與帶貨，一年一躍成為千萬、億萬富豪的夢想，早已不是傳奇。因此，網紅取代了科技新貴，導致電視節目的收視率也快速下滑，明星們紛紛轉型成為網紅。而人們帶著手機，走到哪裡看到哪裡，期望偶像能快速推出影片，這也造就更完整的網紅產業鏈。

事實上，要成為網紅，花費的時間遠比想像中更多，甚至一天工作超過十二小時很常見。為了累積更多訂閱與收看人數，得想劇本、蒐集資料、錄製影片、後製……等等。就算是俊男美女的形象或舞蹈、歌唱影片，也得長年管控飲食與健身運動，吃著超級巨星的營養餐，這不是一般人所能忍受的。可是當影片製作完成上傳後，就算網紅跑去睡覺，一樣能有收入進來。

當然，影片每個人都能上傳，但不見得有收視率，沒人看沒訂閱一樣沒收入。所以，讀者可以用半被動收入的精神，去尋找類似網紅產業的工作。例如，有許多老師為了補充教材，乾脆把累積的教學經驗寫成教科書，長年收取版稅；或是保險營業員賣出一份保單，就能有五年的業務收入，人在前面拼業績，保戶每次繳的保費都會提撥部分給業務，這在各種產業的銷售利潤制度上均很常見。

更積極的作法，還有投資各種金融商品，低價買進，高價賣出，每天花三十分鐘做功課，就能有額外收入。或是經營夾娃娃機，補一次貨，花點時間擺設與經營，就能創造另一份現金流，也是眼下年輕人的最愛。

目的很簡單，打造被半被動收入，就是：只要花一次的力氣，花一段時間的經營，就能創造多一份的收入，甚

至源源不絕。加上原先的主動收入，這時相信已經能有更多的現金流產生，也會覺得人生充滿樂趣。有了兩份收入，就算半被動收入一開始可能只有一點點，但隨著時間累積，網紅累積粉絲、金融業務累積成交案量、作者持續出書等等，很快就會發現，原先的主動收入已經被半被動收入超越。

擁有兩份收入之後，相信你已經有更多的實力去累積更多的財富，也不會怕投資失敗，也勇於挑戰未知，因為面對困難時，你總是會說：「有什麼好怕的！我還有穩定的工作收入……。」

而最終所有人都會走到「被動收入」這一塊，最簡單的例子就是退休金。年輕時每個月固定提撥部分薪水投保，退休後就能每個月領退休金。這份收入在年老時，即使不用工作，帳戶便會自動出現。

又或是如第三章最後一個案例中的王哥，買了儲蓄險與躉繳年金險，可以一輩子固定領錢，活多久領多久，身故還有壽險可以留給下一代。

只不過，打造被動收入就一定要等年老嗎？

麥當勞靠著授權金，每年獲利超過1億美元；早餐店老闆娘靠著台積電的股息，每年有百萬元的現金收入；職

業軍人當包租公,將本金越滾越大;專買大量套房的母女,買下後交由包租代管公司經營⋯⋯,這些都是在你我身邊常見的例子。或許還是要固定花時間照顧,但已經比主動、半被動的時間要少非常多,甚至自動產生現金流。

- **主動收入**:醒著就得努力工作與經營。
- **半被動收入**:花點時間就能賺錢。
- **被動收入**:躺著就能賺。

走到這裡,很多人腦海中應該都有一張藍圖:我不用工作,每個月就有數萬或數十萬的收入,可以買精品、吃美食、坐名車、每月出國旅遊⋯⋯。

但事實上,我所認識的人們,越是成功,就越喜歡工作,每天工作超過十小時的比比皆是,不會因為已經財富自由而開始玩樂,因為對他們來說,工作是一種成就感,而不是人生的束縛。

你是否也有相同的經驗:當你越想出去玩樂時,就越覺得工作無聊,越覺得生活平淡,而且越沒有耐心,因而開始抱怨、開始批評。這對主動或半被動收入有幫助嗎?你應該很清楚,越想玩樂,財富就會離你越來越遠!

# 先求穩，再求賺的
# 「不缺」投資法

俗話說：「財，不入急門；福，不走偏門。」


中樂透1億元，你會選擇分二十年，每個月固定讓一筆資金入帳？還是一次就拿走1億彩金？

中國信託曾經做了一項統計，樂透幸運得主中，在還清各項負債後，有20％會幫全家人買份年金險，每個月固定領一筆錢，直到終老；而80％的得主則會全數領走，自主運用。

美國劍橋大學也曾做了一份統計，一次就領走所有獎金的樂透得主，會在五年內把獎金全數花完，並宣布破產。

看了這兩份統計資料後，你會選擇怎麼做？

## 做好最壞打算，為失敗預留後路

德勝與博勝，因為名字相近，而且同念軍校，常常被誤認為是兄弟，當然兩人感情也非常好。他們畢業後均投身軍旅，都立下要拼到二十年領終身俸才退伍的期望。

十多年過去了，距離可以領終身俸的時間只剩兩年，雖然已經當到校級軍官，但在部隊發展已經受限，想要繼續往上已經不大容易，因此德勝決定發展另一項事業——休假期間學習烹飪與烘焙，希望能開家麵包店或餐廳。

他參觀了許多知名麵包店，從店面裝潢、商品設計、員工訓練……等等，均有非常詳細的計畫，但由於家裡還需要許多支出，因此要完成夢想，勢必得申請貸款。於是他毅然決然的申請退伍，不想撐到領終身俸的年齡才離職，這樣才能領走一筆200～300萬的退伍金，而不是月領固定退休金。

而博勝的軍旅發展與家庭狀況，跟德勝相似，放假時二人也常到處跑以增廣見聞，但他發現，其實麵包店是個非常飽和的市場，街上四處都有開店，甚至已經被大型連鎖咖啡店給壟斷，競爭力頗大，就算有新的麵包與店面設計，要長期發展自有品牌也不容易。所以他提議，可以先

學習烹飪，退伍後一起到相關產業工作一段時間，順便考證照，並參加比賽，有了得獎的頭銜會輕鬆許多，屆時二人再合資開店。加上距離領終身俸的時間還剩兩年，其實不管工作環境再怎麼差，閉著眼睛撐一下就過去了。

但德勝並不這麼認為，若在軍中多消磨兩年，他的鬥志會完全被磨光，加上四十多歲領一筆退休金還可以拼拼看，所以決定自己先出去闖闖。於是，即便在博勝百般勸阻下，德勝還是領了一筆退休金，並申請貸款，重返社會完成自己的夢想。

德勝的麵包店，以黑金色為底的貴氣裝潢，在地方上很快打出名氣，加上一開幕就大幅促銷，每天下午總是人潮滿滿，開業的前幾個月，每個月的營業額將近百萬。博勝見到也非常高興，很長一段時間放假時都來幫忙，順便學習。

一年多後，距離博勝退伍的時間只剩幾個月，他早已計畫好，退伍後先去保全業工作，已經有學長邀請他擔任主任，並且有完整的升遷管道，只是得先從第一線的保全員做起，不過薪水也有3萬多元，加上終身俸近5萬，加總起來就有8萬元的收入。

由於自己的小孩都即將畢業踏入社會，老婆也找了一

份兼職，其實家裡的開銷已經減少很多，房貸也快要繳清，每個月反而可以結餘不少錢，算是苦盡甘來。

　　每個月結餘下來的錢，他開始做投資，專門挑選可以每季或每年固定配息的債券基金或保險，並陸續買進兩間套房，學習當包租公。換算下來，雖然每個月增加的收入不多，但還是比在軍中輕鬆許多，讓他有多餘的時間可以準備晉升考試與英檢，也多了不少時間可以跟老婆出國旅遊。

　　有一天，德勝開著一輛200萬元的名車跑來找他喝咖啡，原以為日子過得不錯的他，決定要收掉麵包店，原因很簡單，試圖搶救業績多次，但還是不敵新開的麵包店，於是計畫離開台灣到中國闖闖。說著說著，看著同學又恢復前幾年那樣的光采眼神，博勝滿心祝福他的老友一路順風。


　　「後來呢？」我問。

　　「我不知道，沒再聯絡了，我到臉書跟LINE留言也沒人回我，可能沒辦法用吧，他應該也很少回來台灣。」博勝說。

　　「你羨慕他嗎？」

「我？其實我很羨慕他有勇氣去做自己喜歡的事，不過我也很高興自己做了現在的選擇，每年可以出國兩、三次，工作上也很穩定，最近老房子也重新裝潢，其實老婆很高興，每次小孩回來也都不想走，我還常叫他們乾脆回家住，老爸的租金便宜很多，哈哈哈……」他快樂的說著，手裡還拿著考試用書。

「你不怕保全主任這個工作被搶走嗎？聽說老闆比較喜歡用年輕人？」

「有什麼好怕的，再差我都還有終身俸、基金保險、套房租金，我又不是沒有辛苦過，日子過得簡單一些，一樣能活下去。」

看著他充滿自信的眼神與態度，想像著或許德勝要去中國前，也是一樣的豪氣。我反問自己：會選擇走德勝還是博勝的那條路？有可能一次開店就賺進大錢，並持續展店，也有可能最後面臨中年轉換跑道的人生。

對每個人來說，這沒有一定的答案，成功或失敗，都是自己選擇來的。重要的是，我們是否能在做出關鍵抉擇之前，先替自己留點後路呢？而不是總抱持著置之死地而後生的想法一直往前衝！

## 6,000元就能啟動財富正循環

　　統計學的理論，其實就跟人生一樣，成功與失敗的極端比例較低，位居中間不上不下的最多。因此，我們對《商業周刊》等財經雜誌中所述的「成功人士」範例都要有個底：那些都是「極少數」的成功者，而我們要如何讓自己成為極少數的那群人呢？很簡單，就得想辦法「墊高自己的屁股」。什麼意思呢？

　　我們可以做一個實驗：假設你第一次投資股票時，帳戶裡只有60萬，而你只買一張600元的台積電。此時當你決定要下單時，心情一定會非常緊張，為什麼？原因很簡單，因為結果不是賺就是賠，賺了當然很高興，但這筆錢可是你所有的財產，一旦賠錢，日子勢必不好過。長期下來，雖然持有一檔人人喊存的績優股，但每天的漲跌會凌虐你的精神，逼眼睛得一直盯著盤勢，心情也跟著上下起伏。

　　但若一開始投資的本金有600萬，而你只買一張600元的台積電，我相信當你下單時，你所用的勇氣絕對比「只有60萬本金」時來得少。因為你很清楚，就算這張股票大賠，你還有540萬的餘裕，只是心裡會超級不爽罷了，

大不了下次別買台積電就好。

　　再來，假設 600 萬本金的條件不變，而且你每個月還有固定 6 萬元的現金流，現在同樣買一張 600 元（60 萬）的台積電，結果一買居然大跌，賠了 6 萬元，請問你會心痛很久嗎？一定不會，甚至會沒感覺，因為你心裡會想「不過就 6 萬元，我一個月就賺到了」。這時還需要每天盯盤嗎？當然不用，而且還能夠抱很久，這就是第三章所述，那對穩抱千張台積電母女的心態——立於不缺，就能創造更多財富。

　　從「60 萬→600 萬→600 萬＋現金流 6 萬」，隨著資產累積，隨著現金流增加，心靈就會跟著豐富，跟著平靜，跟著有耐心去做每一件事。就好像在公司升遷一樣，職位越坐越高，薪水越來越高，見識越來越廣，情商與智慧也會越來越高，這就是通往成功的關鍵：墊・高・自・己・的・屁・股。當然你也可以把這個方法，用你喜歡的名稱來命名，但核心原理其實都一樣。

　　本章提到的德勝與博勝，雖然職場上的經歷差不多，但德勝沒給自己留後路，拿了一筆退休金後直接去完成夢想，這需要極大的勇氣，就像本金 60 萬，直接就買一張台積電，不成功便成仁。而博勝則給自己留了後路，耐心等

帶領終身俸的那一天到來，回到社會後，又想辦法創造更多的現金流，就如同有了「60萬本金＋6萬現金流」。沒有誰對誰錯，關鍵只在於這兩個人比起來，誰有更多時間、更多餘力去打造不缺的人生、心態與資產。

等等，我聽到有人提問說：「你說的沒錯，這些我也都知道，很多書籍也有同樣的觀念，但是我一開始沒有那麼多錢，也沒有現金流，不知道要等到哪一天才能做到！」

「不，你誤會了，事實上你早已經踏出第一步了！」

「真的？」

「我舉個例子吧！假如你只有6萬元本金，要花60萬買600元的台積電根本不可能，對嗎？不，其實可以買零股。[1] 本金6萬元，扣除成本計算，你可以買到100股的台積電，一樣每季可以固定領股息。重點是，你不需要一次就買100股，可以分批買、慢慢買，如此一來，心情就會很穩定，因為以買10股來說，10股 × 股價600元＝新台幣6,000元，這不過是6萬元資產的十分之一，你還會很在乎股價波動嗎？如果還會，那就先買5股、買1股，反

---

1　一張股票為1,000股，不足一張股票的股數即為零股。

正直到股價波動不會影響你的心情為止。」

「可是這樣賺錢好慢！」

「那也可以跟2021年狂飆的海運股一樣，去買每天漲停的股票，作法其實都一樣。」

「可是那種飆股很可怕！」

「那就只買你不會怕的份量即可。」

「可是風險很高！」

「你不是很想賺快錢嗎？如果嫌台積電賺得慢，嫌海運股飆得快，那就代表不適合投資股票，你也可以轉換別的商品，例如基金、ETF、保險、房地產，還是老話一句，作法都一樣！」

「可是……」

「再可是下去，就永遠踏不出第一步，賺不到錢喔！你可以一直這樣怕東怕西下去，漲也怕，跌也怕，永遠站在場外看，畢竟這是自己選的路。但知道嗎？其實你早已走在通往成功的道路上，早已處在不缺的人生中。」

# 勝率51%，
# 就足以常勝！

「保齡球的1號球，只要能打到，機乎都會全倒，成功的
唯一要件就是找到1號球。」

——與澤翼，秒賺1億的日本企業家

　　到拉斯維加斯或是澳門賭城，一進門一定會看到一種
遊戲：俄羅斯輪盤。就是一個圓盤，從00～36標有37個
數字。1～36號以紅黑色相間來標示，另外有兩格綠色格
子，則是00，上面會有一顆波球滾動。玩法很簡單，玩家
可以單買一個數字，也可以賭波球會落在紅色或黑色格子
裡（落在綠色格子就歸零），或是賭落在單號或雙號的格
子，當然賠率也大不相同。

　　假設就以賭紅色與黑色就好，在38個格子中，有兩個
綠色的直接會歸零，另外的36個格子紅黑剛好　半。以最

簡單的機率來算，跑到紅、黑、綠色格子的機率是：

- 紅色：47.4％
- 黑色：47.4％
- 綠色：5.2％

　　獲利機率還不到五成，這有什麼好玩的？錯，俄羅斯輪盤永遠都是賭場裡最熱鬧的地方之一。因為人們想法很簡單，綠色格子只有兩個，紅黑各半，其實很容易贏錢，每次翻1倍，九次就能賺10倍，超好賺。所以人們都會很聰明的等待紅色或黑色連續出現之後，去押注另一個顏色——我曾見過連續出現十一次紅色，過程中，從紅色第五次出現時，賭桌上就是押黑色的資金最多，因為用膝蓋想都知道，第六次再出現紅色的機率頗低，結果呢？

　　隨著紅色連續出現的次數越多，桌上押寶黑色的資金就越來越多，氣氛也越來越熱絡，直到終於出現的那一刻。但事實上，其實每一次出現紅色或黑色的機率都一樣，不會因為連續出現，就提高換色的機率。這道理人人皆知，但就是忍受不了反向操作的誘惑，這就是人性。

　　再換到另一桌，來玩21點，21點是賭場中唯一玩家

的勝率能比莊家高的遊戲，比例是51％：49％。可是也常出現，玩家連續爆掉，或莊家連環爆的情況。所有21點的職業玩家都知道，贏錢或輸錢都只是機率，就算連續輸了十次，只要堅持玩下去，勝率就會回到51％，這只是數學與統計問題。

但每個人在遇到連續輸錢的情況下，就很難堅持下去，這很正常。反過來說，一整晚連續贏錢，要人們認為這只是機率問題，而不是幸運女神眷顧，這也很難。直到累積越來越多的經驗，終究會發現賺賠只是機率問題，贏錢的關鍵就在於：**標準作業模式SOP**。

只要在贏錢機率高的牌組出現時，拿起大額籌碼投下重注；在賠錢機率高的牌組出現時，不再加碼，只賠底注（最小的下注單位），長期下來就能累積更多的本金。這一切都不是運氣，而是固定的SOP，固定的統計數據。

這道理套用在人生也是一樣，人們應該會常發現，自己做某些事都能得心應手，有的人學外文很快，有的人很會繪畫。轉換到投資來看，有些人買房幾乎都賺錢，某些人則很會操作股票。更細微來看，有人特定買套房投資，而不買透天改建，因為有很多成功經驗；某人從頭到尾只會買一檔股票，或是特定的股票，無論是短線還是波段操

作都能輕鬆掌握利潤。雖然偶有失誤，卻很快就能回到正軌。

　　這就是SOP，與統計學機率有關，如果我們認為在十賭九輸的賭場，其遊戲的勝率都還能超過一半，那人生有太多太多事件的勝率比它更高，或者應該直接稱為：天命，也就是天生或後天累積經驗就能駕輕就熟的方式，只要能找出來，就能很快累積資產，迅速打造不缺人生。

　　以下從人們最容易接觸到的兩種投資管道：股票與房地產，來談談這世界真的有勝利方程式嗎？真的能超過51％以上的勝率嗎？

 ## 股票投資的常勝方程式

　　先從股票談起，舉個人人皆知的例子，自從台灣股市開始交易以來，已經過了半個世紀多，從蔣經國總統時期的資產股狂飆，到李登輝總統時期的轉型製造業，由電子代工領軍飆漲；緊接著陳水扁總統時期綠能、IC設計發光發熱，再到馬英九總統時期的智慧型手機產業崛起；如今來到熱錢四竄、台股輝煌的蔡英文總統年代，半導體、5G、航運、原物料……每個產業都頻創歷史佳績。

看起來，每個總統帶起的飆漲族群都不一樣，但如果把過去這五十多年飆漲過的股票走勢疊在一起，並且把名字與價格遮起來，任何人都會誤以為是同一檔或同一個族群的股票。

　　不信？我們就來看看歷任總統的高價指標股走勢，記得別太關注是哪一檔，而是它們的「走勢」。（由於蔣經國總統時期的個股資料年代已久，故不納入。）

## 1988年～2000年：李登輝總統時期

　　李登輝總統是台灣歷史上總統任期最久的一位，將台灣從農業社會正式轉型為電子業，並創造出三個台股萬點行情，分別是：

- 1990年：12,682點
- 1997年：10,256點
- 2000年：10,393點

　　當然，隨著台股上萬點，每檔股票攀上高價都很容易。1990年最高價股是2882國泰金的1,975元，由於新台

幣瘋狂升值，讓手握大量土地資產的上市公司擁有無遠弗屆的想像空間，資金當然也就瘋狂湧進相關類股。而在1991年崩盤落底後，隨著全球電腦普及、電子業崛起，2357華碩在1997年台股再度上萬點時，一舉創下890元新高，取代多年前的國泰金，成為台灣轉型成功的新股王。

**圖9-1** 華碩（2357）
1996～2001年股價走勢

華碩(2357) 月線圖 ☑ 2021/12/01 開 356.00 高 371.50 收 366.50 s 元 量 22597 張

❷1997年上市最高價890元。

890.00

❸修正近九成。

❶1996年上市最低價115.5元。

94.50

1996/11　1998　1999　2000　2001

資料來源：XQ操盤高手

💡 **觀察 Tips**

❶：2357華碩，NB股王，於1996年上市，從最低價115.5元起漲。

❷：股價一路往上飆漲創新高，1997年創下890元天價。

❸：展開長期修正，2000年末一度跌破百元（最後於2009年見到最低點29.5元，修正超過十年）。從1996～2000年走勢來看，很像一座高山，對嗎？

　　新的產業擁有無限的夢想與利多，隨著股價一路飆漲數倍，資金瘋狂湧入，人們與媒體每天都在找理由解釋股價為何會漲成這樣。所有的企業主都會跳出來說，目前公司的業績成長茁壯，訂單已經排到明後年，董事會也決定提高股息；外資投信此時大量推出研究報告，強烈建議投資人應該長期持有──股價走勢也明顯看到從左下到右上快速推升（上圖❶、❷）。

　　突然有一天股價在利多中突然下跌，至此緩步下滑，但企業主仍是頻上媒體，告訴投資者：公司前景史上最佳，本公司將成為台灣之光挑戰國際大廠；法人當然也持續推出利多報告，指出該產業榮景還可以維持好幾年，預估本益比偏低，股息年年提升，值得長期持有──但此時股價已經從原先的走勢，轉為從左上到右下的跌法（上圖❸）。

沒多久後，股價腰斬，企業主不再接受採訪，只是透過媒體發言強調：這是空頭刻意摜壓股價，公司前景沒有任何問題，明後年仍是訂單滿手，如有需要，我們會對空頭提出法律訴訟以保障投資人權益——回頭一看，股價早已形成一座高山，距離高點越來越遠。

　　其實這個祕密，早在一百多年前的華爾街傳奇操盤手李佛摩的著作中就已經傳開，小時候也常聽炒股的老爸說著這個全球皆知的古老現象與獲利祕訣，投資人更可以在各種股票投資書籍中看到類似例子！

　　緊接著，台股在1997年重返萬點後，雖然遇到亞洲金融風暴而再度修正，後續仍在2000年第三度挑戰萬點成功。只不過，當時的股王早已經不是華碩，而是國巨集團的3026禾伸堂，請見圖9-2。就在禾伸堂創下999元新高時，那時的華碩只能在400多元附近上下起伏。

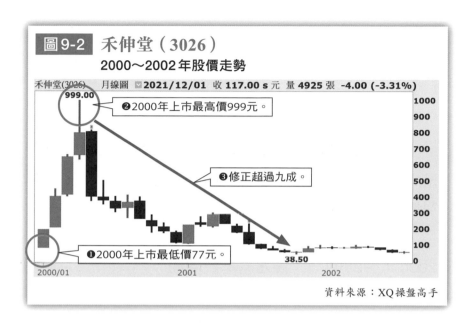

圖9-2 禾伸堂（3026）
2000～2002年股價走勢

禾伸堂(3026) 月線圖 ☑2021/12/01 收 117.00 s 元 量 4925 張 -4.00 (-3.31%)

999.00
❷2000年上市最高價999元。

❸修正超過九成。

❶2000年上市最低價77元。

38.50

2000/01　　　2001　　　2002

資料來源：XQ操盤高手

---

💡 觀察 Tips

❶：3026禾伸堂，被動元件股王，從2000年1月上市最低價77
　　元起漲。

❷：股價一路往上飆漲創新高，2000年4月見到999元最高
　　價。

❸：2001年已經跌到38.5元，股價修正超過九成（最低價在
　　2008年16.05元）。長年走勢來看，還是很像一座高山，
　　對嗎？

> **第二次重覆：這是全球皆知的古老現象與獲利祕訣，跟上一檔股王相隔兩年，不同的股票，卻還是有相同的走法。**

　　當然，讀者會認為兩者還是有點不一樣，或認為這僅是少數特例，沒關係，讓我們繼續往後推進到台灣電子業遍地開花的輝煌年代。

## 2000 年～2008 年：陳水扁總統時期

　　陳水扁總統是國內首次政黨輪替的接班人，任職期間進行金融、教育、媒體、醫療、國營事業等改革轉型與法規大量鬆綁，也是台灣內部長年對立的起端。雖然台股在這八年期間沒有再上萬點，最高點為 2007 年的 9,859 點，但轉型為「科技島」的台灣，可說是處在電子股百家爭鳴的戰國時代。

　　聯發科、大立光、宏達電、茂迪、伍豐，這五檔股票分別是 IC 設計、光學、手機、太陽能與博奕的龍頭指標股，曾經都當過股王。將這五檔股票在這八年期間，當上

股王前後的走勢拿來對照，也可以發現諸多相似之處。

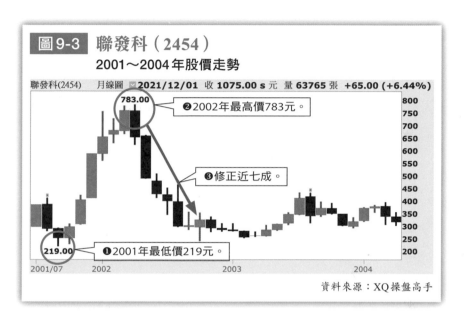

圖9-3 聯發科（2454）

2001～2004年股價走勢

聯發科(2454)　月線圖 ☑2021/12/01 收 1075.00 s 元 量 63765 張 +65.00 (+6.44%)

❷2002年最高價783元。

❸修正近七成。

❶2001年最低價219元。

資料來源：XQ操盤高手

💡 觀察 Tips

❶：2454聯發科，IC設計股王，從2001年9月最低價219元起漲。

❷：股價一路往上飆漲創新高，2002年4月見到783元最高價。（聯發科是「極少數」股價經過十多年長期修正與產業調整後，於2019年能再創新高的企業。）

❸：2002年底已經跌到240元，股價修正近七成（最低價171元在2005年出現），從走勢來看，再度形成一座高山。

**第三次重覆：這是全球皆知的古老現象與獲利祕訣，覺得很神奇嗎？還是仍不相信？或者早已見怪不怪？**

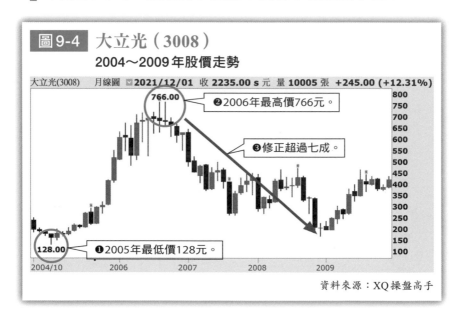

圖9-4 大立光（3008）
2004～2009年股價走勢

大立光(3008) 月線圖 2021/12/01 收 2235.00 s 元 量 10005 張 +245.00 (+12.31%)

766.00 ❷2006年最高價766元。
❸修正超過七成。
128.00 ❶2005年最低價128元。

資料來源：XQ操盤高手

💡 觀察 Tips

❶：3008大立光，光學股王，從2005年1月最低價128元起漲。

❷：股價一路往上飆漲創新高，2006年9月見到766元最高價。（大立光也是「極少數」股價經過十多年長期修正與產業調整後，於2011年能再創新高的企業。）

❸：2008年底已經跌到167元，股價修正超過七成，從走勢來看，還是一座高山。[2]

---

2 雖然在2017年，大立光創下台股歷史最高價紀錄的6,075元，但就在利多滿天飛之際，股價卻展開長期修正，本書出版前一度跌破2,000元，將股王寶座拱手讓人。

第四次重覆：這是全球皆知的古老現象與獲利祕訣，不同的股票，不同的產業，不同的年代，不同的故事，卻一樣的走勢。

圖9-5 宏達電（2498）
2002～2008年股價走勢

宏達電(2498)　月線圖　2021/12/01　收 80.80 s 元　量 1009831 張　+3.30 (+4.26%)

❷2006年最高價1,220元。
1220.00
❸修正八成。
❶2002年最低價94.5元。
94.50

資料來源：XQ操盤高手

💡 觀察 Tips

❶：2498宏達電，智慧手機股王，另一個台灣之光，擁有台塑血統而受到群眾喜愛，其商品在國外販售的價格還比台灣便宜，引發電子業銷售模式的仿效潮。從2002年7月最低價94.5元起漲。

❷：股價一路往上飆漲創新高，2006年5月見到1,220元最高價。（宏達電也是「極少數」股價經過十多年長期修正與產業調整後，於2011年能再創新高的企業。）

❸：2008年已經跌到256元，股價修正八成，無論企業主與法人如何看好，股價最後還是形成一座高山。[3]

## 第五次重覆：這是全球皆知的古老現象與獲利祕訣，勝率有超過賭場嗎？

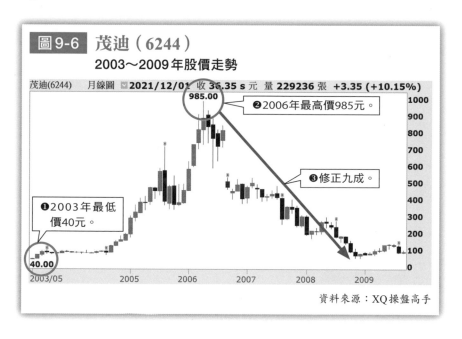

**圖9-6 茂迪（6244）**
### 2003～2009年股價走勢

茂迪(6244)　　月線圖 ☑ 2021/12/01 收 36.35 s 元 量 229236 張 +3.35 (+10.15%)

❷2006年最高價985元。

❸修正九成。

❶2003年最低價40元。

資料來源：XQ操盤高手

---

3 雖然在2011年，宏達電創下最高價1,300元，但就在現金股息頻頻調高之際，股價卻展開長期修正，本書截稿前最低只有25.4元，跌幅高達98%。

4 2020年，茂迪股價最低只有3.84元，自高檔修正達99%。

**第六次重覆：這是全球皆知的古老現象與獲利祕訣，數
百年來炒作股票的手法都是一樣。**

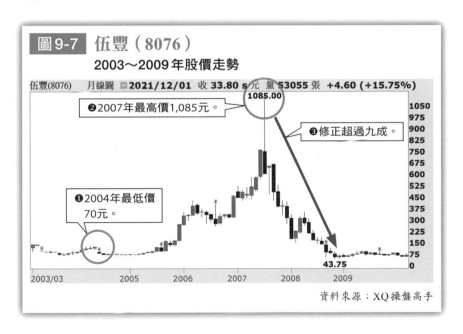

圖9-7 伍豐（8076）

2003～2009年股價走勢

伍豐(8076)　月線圖 ☑2021/12/01 收 33.80 s 元 量 53055 張 +4.60 (+15.75%)

❷2007年最高價1,085元。

1085.00

❸修正超過九成。

❶2004年最低價
70元。

43.75

2003/03　　　2005　　　2006　　　2007　　　2008　　　2009

資料來源：XQ操盤高手

> **第七次重覆：這是全球皆知的古老現象與獲利祕訣，哪個產業重要嗎？哪個族群重要嗎？不，重點是哪一種股票可以炒作。**

從幾檔不同產業的股王來看，其實走勢都非常像，要不是有名字作區隔，有時還誤以為是同一檔股票。既然如此，那就有兩個勝率極高的投資機會誕生了，一個在股票走勢由左下往右上，持續創新高的時候：**買進**；一個在股票頭部形成，走勢由左上往右下，持續創新低的時候：**放空**（不是越跌越買，不是逢低攤平），就可做到長期持有且利潤極大的高勝率投資方式。

但問題來了，是只有股王才會這樣嗎？還是其他的股票也是一樣呢？接下來，我們要透過馬英九與蔡英文總統任內的飆漲股，來檢視這個看法是否正確，是否也會有同樣的獲利機會？

## 2008年～2016年：馬英九總統時期

　　馬英九總統是首位在總統大選前，外資就高喊「台股20,000點」的候選人。一改以往的外交困境，停止兩岸對抗，積極參與國際組織，是台灣國際關係相對穩健的時代，也與161國有免簽與落地簽優惠，幫助全球最愛出國旅遊的民眾省下不少荷包。

　　此刻，台灣產業也由代工思維，開始轉型自有品牌的輝煌年代。

　　在他任職期間，最低點為2008年金融海嘯時的3,955點，高點為2015年的10,014點，誕生了智慧型手機產業的股王：宏達電。此外，由台積電帶領的半導體族群，也搭上美國蘋果手機銷路而快速成長，生技股更是正式展開

長達十多年的榮景，無論是法人、大戶、投資人，都非常喜愛，其中又以基亞、浩鼎最為知名。

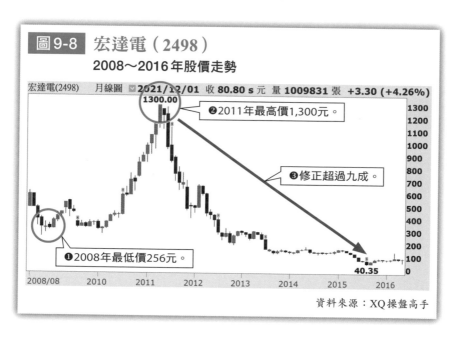

圖9-8 宏達電（2498）
2008～2016年股價走勢

宏達電(2498) 月線圖 2021/12/01 收 80.80 s 元 量 1009831 張 +3.30 (+4.26%)

❷2011年最高價1,300元。

❸修正超過九成。

❶2008年最低價256元。

資料來源：XQ操盤高手

💡 觀察 Tips

❶：2498宏達電，2008年金融海嘯過後，宏達電搭上智慧手機風潮而再度崛起，從2008年11月最低價256元開始起漲。

❷：股價一路往上創新高，2011年4月見到1,300元最高價。

❸：2015年8月只剩40.35元，股價修正超過96％。所以往上漲的時候買進，在箭頭往下跌的時候放空，都是相當可觀的利潤，只要順著趨勢，勝率自然能超過五成。

**第八次重覆：這是全球皆知的古老現象與獲利祕訣，歷任股王與所有高價股的走勢幾乎完全一致。**

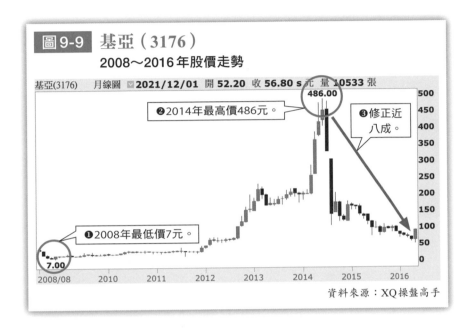

圖9-9 基亞（3176）
2008～2016年股價走勢

資料來源：XQ操盤高手

💡 **觀察 Tips**

❶：3176基亞，生技股王（高端疫苗的母公司），從2008年12月最低價7元開始起漲。

❷：股價一路往上創新高，2014年6月見到486元最高價。就在媒體紛紛報導試驗數據即將出爐且極為樂觀，公司派也頻頻接受採訪、訴說已經接到國際大訂單之際，股價突然開高走低，後續更連續出現19根跌停板，此時媒體與公司派均無人再發表言論。

❸：2014年8月只剩105.5元，股價修正超過78％，最後仍是高山走勢。所以股價上漲的時候買進，箭頭往下跌的時候放空，都是相當可觀的利潤，只要順著趨勢，勝率當然非常高。就算沒有從頭抱到尾，但只要能參與其中的一段，仍是有利可圖。[5]

## 第九次重覆：股價漲跌永遠都是標準模式，任何產業均大同小異！

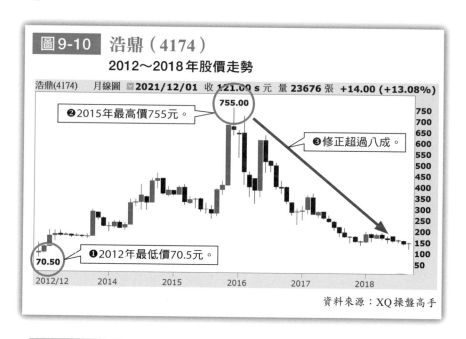

圖9-10 浩鼎（4174）

2012～2018年股價走勢

❷2015年最高價755元。

❸修正超過八成。

❶2012年最低價70.5元。

資料來源：XQ操盤高手

---

5  2018年，基亞股價最低只有24.4元，該公司已經轉為扶植高端疫苗，準備下一次的炒作與享受政府補貼利多。

第十次重覆：這是全球皆知的古老現象與獲利祕訣，基亞與浩鼎相同的產業，不同的年份，股票上漲與下跌的手法幾乎相同，或許有人會認為這兩檔生技股是同一主力大戶所為，但比對先前的範例就可得知，無論誰主導行情，無論那個年代，股票的差別只在股名、價格、產業，但漲跌走勢卻極為類似。

## 2016年～2024年：蔡英文總統時期

在蔡英文總統的任期內，熱錢大幅湧進台灣，房地

---

6  2020年，浩鼎股價最低只有58.6元，就算新冠疫情讓生技股多檔飆漲，但該股卻仍無力拉抬。

產、股市價格均創下史上新高，台灣價值意識提升，但國內政黨惡鬥與人民對立加劇，雖有美國力挺，外交卻頻頻受挫。不過，新冠病毒疫情爆發後，國外投資的資金陸續返台，打造了台股18,000點的盛事，而法人更高喊20,000點，財經名嘴甚至認為台股將暢旺到2030年。

當然，在本書出版之際，蔡英文總統也是台股史上唯一一位，在任內沒有遇過股市崩盤與經濟大蕭條，並且是景氣最美好年代的執政者。既然有超級熱錢潮加持，這段期間便出現了十多檔千元以上的高價股，而股王大立光更是一舉打破所有紀錄來到6,075元，後續接手的矽力-KY也有5,000元以上的高價，就連長年股性溫吞的台積電也創下688元新高。而蔡總統在兩個任期間都強力推廣的風力發電與生技產業，股價也都有優異表現。

此外，在2020年疫情爆發後，台灣的口罩外交，也造就了防疫股的飆漲。緊接著，隨著全球重新開放邊境與運輸需求，海運股更是檔檔創新高，吸引大批投資人湧入。

這個股市、房市、匯市，一同飆漲的黃金歲月，誕生

了許多富豪與股神，讓炒股炒房成為全民運動，就算外資逢高大量賣股並將資金撤出台灣，也無法打壓股市。既然如此美好，人人都喊台股會上20,000點，還會一直漲到2030年，那就來看看是否也有高山走勢的股票出現？

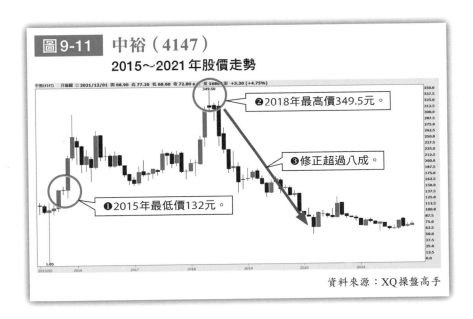

**圖9-11 中裕（4147）**
**2015～2021年股價走勢**

❷2018年最高價349.5元。

❸修正超過八成。

❶2015年最低價132元。

資料來源：XQ操盤高手

💡 **觀察 Tips**

❶：4147中裕，國內新藥大廠，與浩鼎相同，是一檔長年虧損卻受到市場極為關注的新藥股，更是國內政商名流與專業人士極為推薦的股票，在未上櫃前早已名滿天下。蔡總

統一上任就喊出亞太醫藥生技中心，積極打造生技產業聚落，除了多數政府官員均具有生技產業背景外，行政院國家發展基金大手筆投資該產業，所有政策更是大力往生技公司補貼，沒有人在乎生技是燒錢的產業，沒有人在乎公司只有夢想沒有獲利，沒有人在乎股票炒高之後政商一路調節手上持股，這種風氣延續至今。就算總統第一任期受到宇昌案的質疑，也仍堅定決心發展與大量補貼。中裕自2015年11月上櫃前早已飆漲百倍，上櫃後最低價132元。

❷：股價一路往上創新高，2018年5月見到349.5元最高價。

❸：2020年3月只剩52.4元，股價修正超過85％。

**第十一次重覆：這是全球皆知的古老現象與獲利祕訣，延續基亞、浩鼎的炒作手法，相同產業，相同亞太生技夢想與政策利多拉抬，就算是不同年份，投資的作法還是一樣，不管公司是否真的有獲利。至本書出版前，該企業財報仍是持續虧損中，淨值只剩10多元，股價又是一座高山。**

　　時間推進到2020年新冠病毒疫情爆發，全球都投入防疫相關產業研發，政府獨排眾議採兩路並進政策，不與韓國搶進門檻稍高但發展容易的檢測盒研發市場，而是與歐

美中俄等大國搶攻門檻極高的疫苗研發。

　　雖然最終韓國靠著檢測盒大賺國際財，雖然台灣研發的疫苗仍遲遲無法取得世界衛生組織與國際入境認可，雖然國人多次感受到無疫苗施打的恐懼，但終究股價還是飆漲了數倍，造就無數暴利神話——這就是股市現實的一面，也是政府推動產業政策的常見手段之一。

　　另一方面，台灣藉著大量生產口罩，打出「Taiwan can help」的口號，實施口罩外交。一時間華航載著口罩四處發送的畫面，帶動了防疫股的崛起，尤其南六（圖9-12）、恆大、康那香等不織布族群全面飆漲。國光生（圖9-13）、高端疫苗（圖9-15）等相關疫苗股，在官員與名嘴大力推薦下，漲勢也非常驚人。

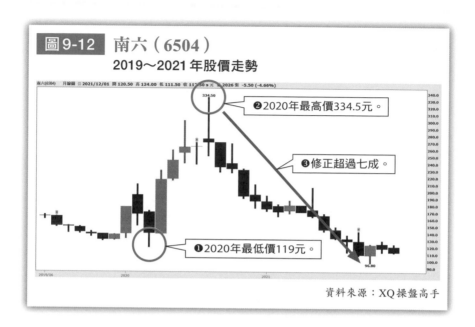

**圖9-12 南六（6504）**
**2019～2021年股價走勢**

❷2020年最高價334.5元。

❸修正超過七成。

❶2020年最低價119元。

資料來源：XQ操盤高手

💡 **觀察 Tips**

❶：6504南六，國內不織布大廠，2020年3月疫情爆發與口罩
外交後，股價從119元開始飆漲。

❷：股價一路往上創新高，在媒體與名嘴推波助瀾的協助
下，同年8月見到334.5元最高價。

❸：2021年10月只剩96.8元，股價修正71%。而同產業的1325
恆大，也在股價上漲超過10倍來到216元後，一路下滑，
如今僅剩30多元，同樣都是高山走勢。

第十二次重覆：這是全球皆知的古老現象與獲利祕訣，延續基亞、浩鼎的炒作手法，不同產業，不同時空環境，不同利多，一樣政府政策的大力推動，一樣媒體名嘴的火熱推薦，一樣公司高層喊出訂單來不及做，最後又是一樣的走勢。

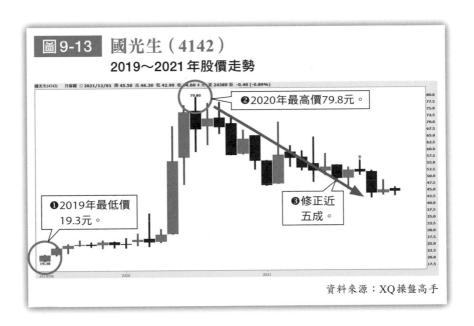

圖9-13 國光生（4142）
2019～2021年股價走勢

❷2020年最高價79.8元。

❶2019年最低價19.3元。

❸修正近五成。

資料來源：XQ操盤高手

💡 觀察 Tips

❶：4142國光生，半官股疫苗公司，從2019年19.3元開始起漲。

**❷**：股價一路往上創新高，新冠疫情高峰時，在官員與名嘴在媒體上連續明示暗示的推薦下，2020年7月見到79.8元最高價。

**❸**：最後，不管是政府高層屬意將補助轉向高端疫苗，還是公司資金短缺轉往國外發展的陰謀論是否屬實，股價同樣在炒作後滑落，2021年10月僅剩42.25元，修正近五成，後續仍持續崩跌。

**最後一次重覆：這是全球皆知的古老現象與獲利祕訣，任何一位投資人都可以發現，自古以來股價的走勢幾乎都一樣。尤其在股價位居高檔時，官員、名嘴、財經網紅、報章媒體都會大力推薦，隨著投資人對資金瘋狂湧入信以為真，股價便開始轉弱，展開長期的修正，形成一座座的高山走勢。高檔大賣持股的資金再度轉往另一個產業，準備下一次的炒作，反覆循環，不斷延續。**

　　生技股多年下來惡名昭彰的歷史，早在投資人心中定型，不過當股價飆漲過後，人們還是會選擇遺忘而想要長抱存股，這種資金流動的變化，其實套用在所有個股都是一樣。

或許，讀者還是會認為這只是少數特例，那接下來就來看蔡總統任內另一項重要政策：廢核。

這個爭吵了四十年，經歷三任總統政策無數次轉變，國內節能綠能產業弊案頻傳，最終只能靠著燒煤解決用電問題，讓台灣一舉成為全球煤礦最大進口國，空污氣候急遽變化，人民還發起核四存廢公投的產業。該族群的指標股走法，是否也如同一座高山？

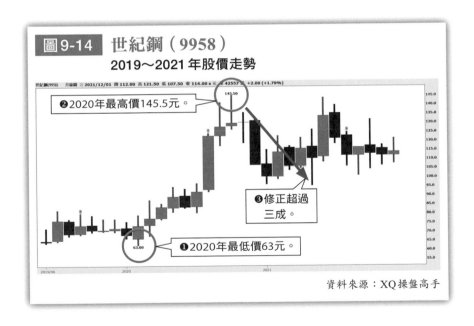

**圖9-14** 世紀鋼（9958）
**2019～2021年股價走勢**

❷2020年最高價145.5元。

❸修正超過三成。

❶2020年最低價63元。

資料來源：XQ操盤高手

❶❷：2018至2020年，為了貫徹總統廢除核能決心，政府在風力發電產業的補貼與扶植可不輸給生技產業。9958世紀鋼，國內風力發電大廠，利多消息每天在媒體大力放送，股價一路飆漲到2020年的145.5元。

❸：但就那麼恰巧的是，當董事長上遍各大媒體接受採訪，名嘴參觀廠房之後，驚呆之餘更喊出「來得太晚」，公司前景可期時，股價自高檔滑落34％後便一路盤整，就連核四重啟公投未過關，符合政府發展綠能的超級利多，都無法推升其股價。

　　圖9-14的世紀鋼未來會不會形成一座高山呢？最簡單的作法，就是看最高點145.5元能否越過，投資人可想想，既然所有人都大力推薦，政府各部會更是努力貫徹總統決心的補助與發展綠能產業，那為何股價還是漲不動呢？

　　同樣的道理，套用在「高端疫苗」這檔股票（請見圖9-15），更是值得研究。

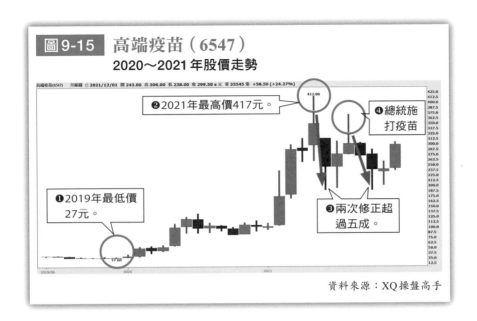

図9-15 高端疫苗（6547）
2020～2021年股價走勢

❷2021年最高價417元。

❹總統施打疫苗

❶2019年最低價27元。

❸兩次修正超過五成。

資料來源：XQ操盤高手

💡 觀察 Tips

❶❷：在獲得政府數十億的補助與數十億疫苗訂單，6547高端疫苗從2019年國際新冠疫情爆發後，於27元開始飆漲，一路衝高到417元。後因內線消息的利空，股價開始滑落，就算政府高層用力背書與推薦，官員授權生產並開放國人施打，股價仍是修正回到190元，直到政府官員捲起袖子打起疫苗，股價才又緩步轉強。

❸❹：有趣的是，當總統在2021年8月於全台媒體鏡頭前打下該公司疫苗時，股價卻剛好又見短線高點時再度下挫48％。後續，公司仍頻頻釋放利多，股價只能來來去去，而無法再回到417元的最高點之上。後續是否會形成一座高山走勢？就看417元能否再度越過。

本章節討論股票的最後，在2021年新冠疫情趨緩，全球陸續開放國境時，全台法人、股民最愛投資、大漲5倍以上的海運族群──**台驊投控**（圖9-16）、**萬海**（圖9-17）、**長榮**（圖9-18）、**陽明**（圖9-19），是否也有同樣的情況出現呢？當然最佳選擇就是財經名嘴力推的航海王：2636台驊投控，最具代表性。

　　2021年1月，長年在財經周刊買廣告，宣揚公司理念的台驊，自30多元開始起漲，短短半年時間股價飆漲10倍來到321元。過程中，台驊董座喊出：「一張不賣，奇蹟自來，反向加碼，連綿不絕！」名嘴更加持它為「航海王」，全台資金瘋狂湧入海運族群，造就台股創下史上單日最高成交量的7,000億。

　　該公司也隨即宣布辦理現金增資，但股價自此快速修正，於年底時最低回到120元附近，距離高點調整超過六成，再也沒見到老闆與名嘴的信心喊話，而其他三檔海運指標股的走勢也完全相同。後續是否也會出現與先前個股走勢一樣的繼續崩跌，就留待時間去證明，但這個全球皆知的古老現象與獲利祕訣，仍一直維持著驚世傳統。

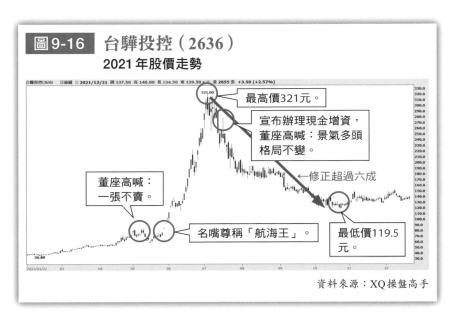

**圖 9-16　台驊投控（2636）**
**2021 年股價走勢**

最高價321元。

宣布辦理現金增資，
董座高喊：景氣多頭
格局不變。

董座高喊：
一張不賣。

←修正超過六成

名嘴尊稱「航海王」。

最低價119.5
元。

資料來源：XQ操盤高手

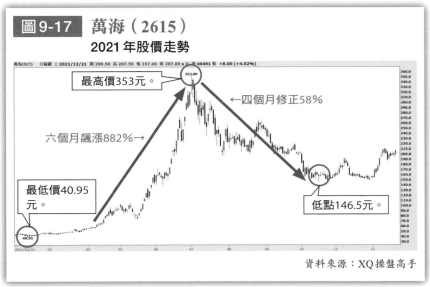

**圖 9-17　萬海（2615）**
**2021 年股價走勢**

最高價353元。

←四個月修正58%

六個月飆漲882%→

最低價40.95
元。

低點146.5元。

資料來源：XQ操盤高手

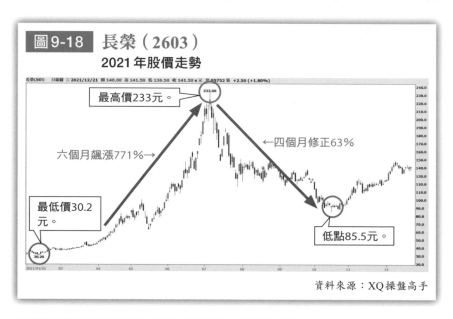

圖9-18　長榮（2603）
2021年股價走勢

最高價233元。

六個月飆漲771%→

←四個月修正63%

最低價30.2元。

低點85.5元。

資料來源：XQ操盤高手

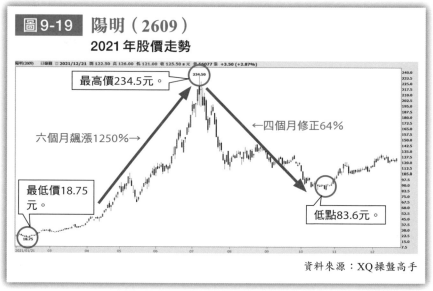

圖9-19　陽明（2609）
2021年股價走勢

最高價234.5元。

六個月飆漲1250%→

←四個月修正64%

最低價18.75元。

低點83.6元。

資料來源：XQ操盤高手

## 股市行情的機率思考

看到這裡，相信很多讀者會以為我在教股票投資技巧，事實上要說的是：機率。如果從李登輝總統到蔡英文總統，這四十多年來所有飆漲股的走勢都極為類似，如此一來，投資人選股就不是難題，只剩作法而已。事實上，不只有台灣股市出現這種情況，在全球都是一樣。

被日本NHK電視台稱為「秒賺1億的日本企業家」與澤翼先生說道：「保齡球的1號球，只要能打到，機乎都會全倒，人生與事業成功的唯一要件就是找到1號球。然後花三個月的時間去驗證，如果能夠很快上手，就堅持下去。」

2021年海運股飆漲過後開始修正時，曾經有無數學生向我詢問類似的問題：「2603長榮還能買嗎？」但其中有三個人令我印象極為深刻。

- **帥氣大學生**：在長榮創了近幾年新高的47元進場，80元賣出，獲利70％。賣出沒多久後，股票繼續

漲，很想再買但覺得太貴而放棄，最終眼睜睜的看股票繼續噴出，於是每天改做當沖頗為快樂。

- **低調上班族**：在長榮創新高 100 元時買進，獲利 80％，股價來到 180 元賣出。賣出沒多久，股票繼續漲，於是又跑去追買，只不過後續股價劇烈震盪導致恐懼而賣出。

- **憤怒鳥大叔**：在長榮利多消息不斷的 220 元時買進，沒多久就被套牢，想停損卻砍不下手，頻頻抱怨買創新高的股票很危險，埋怨大戶坑殺股民，最後心想反正不賣就不算賠，決定長期持有等著領股息。

這三個人剛好分別在長榮股價低、中、高價買進，帥氣大學生買進的價位頗佳，後來雖然賣掉，但他知道股價一路創新高是優質股，雖然追買會怕虧損但仍進場，並靠著當沖賺錢，完全適合他的個性，這樣的投資很完美。

我：「你以後還敢買創新高的股票嗎？」

帥氣大學生：「會啊，雖然會怕，可是還蠻容易賺錢的。」

低調的上班族，股票賣掉後續漲，又去追回來，她也知道頻頻創新高的股票後續還有機會更高，雖然追高會緊張，但還是堅持下去。

　　**我**：「妳以後還敢買創新高的股票嗎？」
　　**低調上班族**：「為什麼不敢？」

　　憤怒鳥大叔，買在高點被套牢，賠錢不停損，反而決定長期持有，每次見面就是抱怨大戶坑殺。

　　**我**：「你以後還敢買創新高的股票嗎？」
　　**憤怒鳥大叔**：「不買了。」
　　「為什麼？」
　　「創新高的股票容易賠錢！」
　　「你知道問題是出在進場點，而不是股票吧？」
　　「不買了，這種股票很容易被大戶坑殺。」
　　「這不是大戶坑殺的問題，而是你的進場點。」
　　「都是有你們這些人在炒作，所以股票才亂飆。」
　　「所以你放棄最容易賺錢的股票囉？」
　　「……」

憤怒鳥大叔因為一次的損失，就有了統計學中的認知性誤差，他會認為所有創新高股買了都會賠錢，失落的口袋與情緒，讓他忽略數個世紀以來的股市歷史，所有的新產業個股，都是這樣炒作的，包含688元的台積電也是。

事實上，問題的本身並不在股票，不在古老的股市法則，而是他自己的進場點與風險控管出了問題。

**歷史數據告訴投資人：所有新興產業一定會有股票創新高，然後在大幅炒作過後崩跌，投資人應該在股價越來越貴時買進，並且在越來越便宜時賣出。就算做錯一次，但只要堅持下去，獲利的機率就會極高。**無論做什麼樣的投資，只要找到高勝率的管道，就是堅持下去，按照標準的SOP執行。

過程中的偶爾挫敗，都僅是統計學中的「變異數」（極短期不在合理範圍內的數據），時間久了之後，所有的盈虧數據，又會回到穩健成長的狀態。

著有《莊家優勢》，且真實人生被改編成電影《決勝21點》的馬凱文先生說：

我曾經在21點桌上，連輸十次，幾乎賠掉身上所有的錢。我疲倦的回到飯店床上，思考自己犯下的錯，並懊悔虧損。可是我卻發現所有的策略都是正確的，完全按照計畫執行，連續虧損只是統計學中的變異數。於是我起身，回到勝率51％的21點賭桌上，天亮時，我不僅彌補了虧損還倒賺7萬美元。

\*　　\*　　\*　　\*

我無意將股票投資說的很簡單也容易賺錢，畢竟股價就如同文章一樣有起承轉合，其中的細節，需要有長期且大量的經驗與方法才能應對。但至少當懂得股市背後不變的歷史走法，選股上就不用花費太多時間。而節省下來的時間，可以進修、研究，一段時間下來的經驗與知識累積，足以在股市裡長期存活，等待最有利的投資機會出現。

話說回來，房地產也跟股市一樣，有同樣的勝利方程式嗎？

**房地產投資的常勝方程式**

　　大多數人想到投資房地產，頭一個想到的都是當包租公、包租婆，可以買套房或兩房出租，不然就是買中古三房與透天隔間，當然，投資商辦與停車場也是簡單的選擇，甚至跟著台積電一同到高雄搶房搶地。

　　但站在「不缺」的角度來看，用房地產累積資產的第一步，並非是買房出租，而是同樣的作法：**先求立於不敗，再求擴大利潤**。這裡容我先引用幾個例子。

### 案例1：善用現金流威力，讓錢滾錢

　　《富爸爸，窮爸爸》系列作者清崎曾敘述他投資房地產的關鍵，不是人人認為的僅是買房出租，而是要強化現金流的觀念。

　　一開始他想要購買一輛名車，可是無法一次全額支付費用，需得每個月分期付款，但他並不想用薪資去支付這筆每個月多出來的650美元開銷。

　　於是，他想起最近看到一套房產，每個月可以創造800美元的租金收入，若扣除650元的汽車分期付款，他還有150美元的現金可以運用。因此他決定同時買下房產

與汽車，開始執行他的計畫。

　　三年後，他賣掉了那間房產，償還了汽車剩餘的債務，回收的資金比起當年購買車子、房子的本金還多了3萬美元，外加車子這項資產。後續他用同樣的投資方式，買了一只昂貴的名錶與一間房產，逐步打造出更優質的物質水平，並打算幾年內再換一輛新車。

## 案例2：盤點閒置資產，創造現金收益

　　德克是一名年收入不到百萬的平凡業務，一個月的底薪加起來將近4萬元。由於工作的關係，他希望能買一只勞力士手錶來提昇自己的外在與自信，購買預算為30萬元，已經超過自己年薪的三分之一。如果可以，他希望能先付12萬本金，剩下的18萬分一年半還清，每個月償還1萬元。

　　但由於業務的收入極不穩定，他不想動用太多存款，於是把父母留給他三十多年的三房兩廳兩衛，室內空間近30坪的華廈整理出租。他把自己的物品全搬到其中一間有獨立衛浴的主臥房中，另外花了10萬元存款把一間沒有衛浴的房間裝修成套房，這樣就有三間衛浴，可提供三個房間使用——他自己住一間，把另外兩間房租出去，每個月

可創造 1.7萬的租金收入。另外也把堆放雜物的閒置車位以每個月 2,500 元出租，反正自己都是用機車代步，住家附近找個位置停放即可。最後扣除每個月的手錶分期，還有近 1 萬元的資金可運用。

　　一年半後，買錶的債務已經還清。兩年後，當初改造套房的本金也拿了回來。有了勞力士在手上，每個月還有近 2 萬元的租金收入，他決定用同樣的方法，買 LV 背包與 TOD'S 皮鞋，讓自己在客戶前更加體面。加上看到租金收入如此穩定，還計畫再買房來出租，逐步站穩百萬年薪。

## 學會用「現金流」視角看世界

　　當包租公婆，是每個投資者的夢想與夢幻職業。但要支付購屋的頭期款與稅金，與一筆改建的裝潢費，光靠租金短期間很難快速回收，所以得先準備一筆本金，這對一般大眾是不小的負擔。

　　因此，我們可以從身邊可用的資產加以活化，只要能換成現金，並且不會過於影響或改變生活方式的管道都可行。或許有些讀者會說，我孑然一身，無存款，無資產，怎麼辦？那至少有薪水，薪水也是一種資產與現金流，只

要搭上能創造利潤的商品（不一定一開始就要房地產，也可透過股票），一樣可以累積不缺人生。

另外，如果用本金的角度去買房買股，很容易受到房價與自備款的壓力而退卻。但若從「現金流」的角度看所有事物，心想多少年能回收本金？或是每個月能創造出多少資金？這時就會有很強的執行力，去籌措本金與購買資產，而不是每天每月每年期待著房價下跌能賞得便宜些。

所有累積龐大物件的包租公婆，往往看的不是買進房產後，房價能漲幾倍，賣掉後能賺多少，而是**每個月能多出多少的資金額度能運用，大約花多少時間能夠回收本金，或是支付自己想要的物質需求。**

舉個例子來說，當我們看到一間三房兩廳的高雄物件，每坪開價30萬元，在許多在地人印象中，過往喊到每坪10多萬就已經很貴。但如今台積電高雄設廠帶動房價，短期間價格翻倍甚至更多，因此很難下得了手，大多數人都會觀望一下，想等房價便宜一些再買，可是沒多久新建案就封盤秒殺，甚至連預售屋都搶不到。人們充滿疑問地猜想：台灣人口負成長，空屋率居高不下，新社區晚上跟鬼城一樣寧靜，怎麼可能這麼快就秒殺？

但真實的買盤考量，站在自住的立場，景氣好利率

低，自備款又低，還可貸三十年，雙薪家庭要買2,000萬以上的房子很簡單。加上台灣人喜歡住新房，況且住個幾年還有漲價空間，當然新建案都用搶的。而投資者思考的角度，則是考量穩定的租金收入，新社區未來有商場、校區、交通利多加持，隨著住戶與人潮增加，先卡位總是有機會。加上購屋的自備款或貸款，用另外投資的物產月租金收入就可支付，買房等同於不用拿出本金，著眼點就不會只是房價，而是未來穩定的租金收益。

於是，銀行貸款利率越來越低、房價越來越貴、建商封盤的速度越來越快、租金持續攀升，自然而然貧富差距就會越來越大，這是自古以來不變的道理。

### 案例3：投資「進可攻退可守」的固定房型

在了解投資資金運用的心態後，我們就來討論房地產投資的勝利方程式另一個案例，聽聽代銷朋友怎麼說。雖然人人都說房地產代銷的話聽聽就好，但在高雄最著名的代銷公司工作近二十年的友人，靠著投資固定的房型、收租與買賣，還是獨自帶大了兩個女兒。

「我買房只買兩房，而且最好是不帶車位，簡單布置後就開始出租，然後邊租邊賣。」

我問：「為什麼只買兩房？還不買車位？現在不是很多建商都強迫要買車位嗎？」

友人：「套房雖然漲得兇，但是也跌得快，而且大樓有套房物件，進出人口就複雜，很多還會偷偷做日租，以後更不好賣。三房的頭款要很多，一次資金放太大，我一份薪水沒辦法掌握，租金報酬率也不高。兩房剛剛好，銀行放貸成數高，而且現在小家庭多，好租，投資客也很愛。車位基本上是不要，因為停車場月租費很便宜。不過如果一定要配，房客如果不要也可以租出去。對我來說，三房是長期置產，套房賺租金，兩房置產收租皆宜。」

「如果遇到不好租或是賣不掉的時候怎麼辦？」

「會有這種問題，代表買之前都沒做功課。不過我也有遇過幾次房地產大跌，景氣很差不好租的情況。所以我都會有累積固定的租客名單，一有新的物件就會先通知他們。如果真的還是套牢，我手上也還有兩筆定存，足夠我們母女三人過幾年日子。」

「代銷業，如果遇到景氣不好，業績獎金會差很多，你不擔心嗎？」

「有什麼好怕的！我已經遇過好幾次了，所以保險、定存都已經有準備，小孩一個大學一個高中，他們有空就

會跟我一起工作，早就自己賺生活費了。」

「你不考慮做透天改建出租嗎？」

「我有想過，大樓舊了就會降價，但是透天能保值，比三房更像長期置產，唯一的缺點就是資金一次投入太多，我沒把握，不過已經有看一段時間，應該會嘗試先選坪數較小的物件做做看。」

「這幾年股市很夯，你沒有想過要買股票來存嗎？」

「當然有想過，很多人都說股票很好賺，但我覺得還是留在自己熟悉的領域最穩，畢竟有二十多年的經驗跟膽量，手上又有一些資金可用，我不覺得賺錢會比較慢。而且買股票一切都得重頭學，不如拿這些時間去看房或是聯絡客戶做業績。不過我還是有看過幾本書，這樣才能跟客戶聊得來。」


房地產投資獲利方式因人而異，投資套房拼收租，購買兩房、三房、透天改建累積資產，只要能創造出現金流，並將賺錢的獲利方式持續做，就能逐步累積經驗與本金，這是最簡單易懂的投資方式。

台灣英文補教名師與主持人徐薇說：「簡單就成功。」本章所談到的股票與房地產投資法，讀者只要能持之以恆

的執行下去，就能穩定地賺取利潤、累積資產——簡單的事重複做，穩定獲利的方式重複做，就算起步比別人慢，一樣也能後來居上、達成目標。

事實上，投資房地產除了收租與置產的目的外，也可擴展資本，如同麥當勞一樣，能發展出更多元與更長遠的事業體。畢竟一個滿手房地產、股票的投資客，與另一位手上僅有股票的人，兩者在銀行眼中的地位可是大大不同。這其中的差異，就留給讀者在實踐本書的方法論過後細心品嚐。

# Part 3

## 心法篇

擁抱你的致富本命

# 努力成為「理專追著你跑」的那個人

「金錢是個好兵士，有了它就可以使人勇氣百倍。」

——莎士比亞

1990年，台股衝上12,682.41點，房地產飆漲，台灣錢淹腳目，一夕致富不是傳奇，造就無數富豪，不過當時金融政策還未大幅開放，街上要找間銀行可不是那麼方便，因此早上九點銀行大門一開總是人聲鼎沸。

有天要溜出門玩，父親忽然叫住我，要我在家等一下，說等會有客人要來，他要介紹給我認識認識。沒多久，賓士車停在門口，一位西裝筆挺的中年紳士上門，右手拎著一只公事包，左手提著一箱水果禮盒，見到父親後態度十分嚴謹。

送上禮盒，簽署完文件後，雙手奉上一張金卡與一張

提款卡，安靜的氣氛才逐漸熱絡起來，聊沒幾句，父親便把我介紹給對方認識，並說寒暑假希望能安排我到銀行見習，對方笑著保證沒問題，並遞上一張名片。然後他站起身，走出門把車上的另一人叫了過來，又拿了另一張名片給我說道：「後續這個人會跟你聯繫。」我低頭看看手上的名片，只記得職稱分別是經理與襄理，還有經理腳上那雙閃亮的深咖啡色鱷魚皮鞋。

等到客人離開後，我抱怨地告訴父親，自己寒暑假不想去銀行見習，因為我早有安排要與好友去漫畫店打工，看免費的漫畫與打電玩街機。但父親卻搖搖頭說不行，一定得去，因為這對成年之後找工作很有幫助。我只好無奈地答應，不過卻對這次聚會感到疑惑，問道：「為什麼辦卡還要人家專程來家裡，我們去銀行不就行了嗎？」

父親說：「你真傻，去銀行還要停車、等叫號，在家裡不是更舒服，我要領錢的時候也不用跑銀行，多出來的時間可以做不少事。還有，你真的得培養眼光，你知道這張金卡多難辦嗎？帶在身上不刷也沒關係，聚餐結帳的時候拿出來，人家就會知道你的實力。我安排你去銀行見習，不是去工作，而是去見識見識，瞧瞧與學學有錢人的行為舉止，還有改改你的懶散。」

「這太高調了，我不喜歡。」

「千萬別這樣想，你跟銀行的關係搞好，很多事情就很好辦，要借錢也會變得很簡單，還有很多優惠。等你以後靠自己工作賺錢時，就會懂這個道理。這跟高不高調沒有關係，只跟手上有沒有現金有關。」

「我們家又不是有錢人，去麻煩人家很不好意思。」

「沒錢可以辦金卡？你這個井底之蛙，叫你去就去。」於是我轉換心情，心想到了銀行，說不定可以問問經理的皮鞋是去哪裡訂做的，這可是一個難得的機會。

問題是，要擁有多少錢，才能算得上是「有錢人」呢？

有的人會說，我平時省吃儉用習慣了，
有幾百萬就夠了。
有的人會說，這年頭百萬富翁不稀奇，
至少要有幾千萬。
有的人會說，養車、養房、養父母妻小，
有1億才安心。

到底要擁有多少錢才夠？這個標準因人而異，但我們存錢的銀行，對此可是有一套標準規範——由銀行評斷最

清楚，因為個人的資產負債都有詳細資料，一旦跨入某個門檻，銀行就會認定你是有錢人，進而提供你各種福利與專員服務。

最常見的就是手續費與存、貸款利率優惠，例如跨行轉帳、購買金融商品的手續費折扣，或是存款優惠利率、貸款優惠利率、換匯匯率折扣、提高信用卡刷卡額度等等均包含在內。

此外，部分不對外募集的金融商品，也僅提供給特定客戶。這個道理其實很簡單，每個單位至少10～100萬美元起跳的商品，當然很挑客戶。這種潛規則在每種業務銷售圈均有，例如房仲要是簽到好房，若不是留作自己投資，就是第一時間聯絡大戶投資客，私底下就成交了，剩下的物件才會放到網頁上銷售。

銀行的資格認定很簡單，通常一個客戶在分行的活／定存額超過500萬，而且超過一、二季鮮少動用，銀行就會自動幫忙升級，將其列為該行的優質客戶，「偶爾」會通知你參加有提供簡易餐點的講座活動。

當活／定存額超過1,000萬，且鮮少動用或有持續入帳，理專就會經常邀請這些客戶參加各式各樣的投資理財講座與說明會，吃喝玩樂應有盡有，但上述這兩者還不是

銀行認定的「有錢人」。直到擁有超過100萬美元，也就是3,000萬台幣的現金資產，才算跨入有錢人的基本門檻，而累積到300萬美元以上，那就是銀行的頂端客戶。

頂端客戶到銀行辦事，通常不需要在一樓抽號碼牌、人擠人地等待叫號，而是直接走到二樓，接受專員服務——明亮的空間、濃郁的咖啡香、輕柔的音樂、充滿朝氣的專員，將世俗吵雜摒除，猶如到五星級飯店辦理入住一樣。業務辦理完畢後，還有專人陪同到門口甚至取車，節省不少時間。

在2008年金融海嘯前，銀行很喜歡在飯店辦講座，搭配高檔自助餐，人氣往往爆棚，盛況有如演唱會。部分銀行也經常舉辦品酒或賞屋會，現場也多備有紅酒可以品嘗，可說是應有盡有。逢年過節更不用說，送禮是經營與聯繫客戶的最好時機，銀行除了會編列預算外，經理與業務都還會自掏腰包將禮品升級。記得求學時期的聖誕節，筆者家裡常收到進口紅酒，是那種含在嘴裡還能感受到釀酒人血汗的頂極品。

2008年後，由華爾街帶頭縮減預算，台灣金融業也跟進，以往的美食料理與禮品不再，取而代之的是餅乾、蛋

糕、咖啡、茶水，講座報名的人氣自然直線下滑。對銀行來說，除了省掉不少經費外，也摒除了單純來吃大餐且業績貢獻稀少的客戶。

進入講座會場前，理專會在門口接待、引導入座。貢獻業績或存款越多的客戶，通常會被安排至距離講師最近的前三排座位，一張桌子最多坐1～2位，會議前後理專會一直直挺挺地站在附近，隨時為客戶解決問題（包含取餐備水）。而其餘的位置一樣會按業績與存款額劃分，但一張桌子有時會擠上3～4人。

如果是只針對頂級客戶舉辦的講座，則往往會在銀行會議室或是更私密的會所舉辦，當然美酒美食，甚至伴手禮就一樣都不能少，現場也有精通各產業的顧問、稅務、法律人員，隨時提供諮詢。總之，一條龍的服務，只要客戶能供應業績。

這個道理跟券商的VIP或閱覽室一樣，每個月貢獻業績較少、只有3,000～5,000萬交易量，就只能兩、三個人擠一間，貢獻多的，5,000萬～1億以上，就可以享用二人或個人室。每天中午備餐不說，任何時間均可自由進出，就算是晚上要打地鋪都沒有問題，三節與過年的禮品都有變化，紅酒、各地名產是標配，生日更能收到名牌精品或

是國內頂級溫泉飯店的住宿券，反正只要你每個月能端出高額成交量。

因此，一個人是否稱得上「有錢」？其實不用爭執辯論，以銀行的認定為準，最方便也最明確。而我們要做的，就是努力累積自己的身價，努力到銀行理專打電話來的那一天，沒有模稜兩可的空間，也無須自我設限或與人爭論，目標簡單明確，設定好，衝，就對了。

或許有人會說：「這樣的人生似乎受制於人？我才不想過這樣的生活……」要知道，**成功通常會帶來財富，財富則能彰顯成功**，兩者相輔相成，「富者越富」的道理即在如此。當一個人越排斥金錢時，通常也暗示著這方面的缺乏。就如同哈福・艾克（T. Harv Eker）在其暢銷全球的著作《有錢人想的和你不一樣》中所說：「每當有人跟我說他不需要錢，我都會反問他其實沒有錢了對吧！然後對方總是一陣沉默或是默認……」

「努力到理專打電話給你的那一天」只是讀者邁向「不缺」的一條自我激勵捷徑，亦是一張打造「不缺人生」的藍圖，不用排斥它，因為它將帶給我們最簡單、最清晰的執行動力。如果你的財富目標從未如此明確，那麼，做，就對了，無須廢話！

# 花錢買「價值」，
# 創造越買越有錢的
# 複利效應

「如果你懂得使用，金錢是一個好奴僕；如果你不懂得使
用，它就變成你的主人。」

—— 馬克・吐溫


我們經常會聽到人們說：「有錢人都很小氣！」我也
曾經如此堅信。

「晚上要開會，地點是七賢路的家蒂諾鐵板燒，七點，
別遲到了。」台股收盤後，老闆拍著雙眼通紅、正在準備
簡報的我說。

家蒂諾鐵板燒？我心想，這可是高雄數一數二的高檔
餐廳（2009 年），小時候我跟著父親的商務社團聚會去了
一次，印象中每一道菜都只有一丁點，吃完料理後還要換

一個位子享用餐後甜點與咖啡。開會居然選在這裡，老闆真捨得破費。

晚上六點，我人已經在餐廳前等待，看著距離約定時間還有將近一小時，便到隔壁福華飯店的一樓商店街走走。在1995年之前，還沒有國揚集團侯西峰先生的漢來飯店時，位於七賢路金融街上的福華飯店可是政商名流時常聚會的處所。一到三樓的挑高大廳，除了櫃臺之外，還有精品商店街，裡面賣的多是舶來品，消費族群也不同於一般大眾，更不用說五樓以上，每層樓還有中、西、日式等各種不同料理的餐廳，只是隨著消費人潮的轉移，與各家五、六星級飯店的崛起，如今消費與用餐人群寥寥可數，早已不復盛況。

走出飯店後，距離七點還有半小時，我找個角落翻起準備要報告的資料，沒多久老闆也到了。

「還是一樣早到，這間有來過嗎？」老闆邊走邊說。

「小時候有跟爸爸來過。」我還是一樣少話。

服務人員領我們到座位後，遞上手巾與茶水，送上菜單後便立在一旁，等著點餐。老闆連菜單都沒看，就點了兩份深海龍蝦干貝套餐，我一瞄價格嚇了一跳，二人餐費已經破萬元，心想，若待會其他同事也過來聚餐，那可得

奮鬥不少業績才能填補今晚的經費。

老闆拿起法式氣泡酒說：「放輕鬆，今天只有我們兩個人，我請客，吃不夠，想加點就點，不用客氣，順便提前幫你慶生。」

「只有我一個？」

我想起金凱瑞在電影《我愛上流》中，剛晉升為集團副總，隔天他老闆就掏空落跑的情節，於是說道：「來這裡吃飯，想起很多事，以前我跟爸爸就是坐在這幾個位子用餐，很懷念。謝謝老闆幫我慶生，我也幫忙出一些好了。」

「這就是我要找你來的原因，除了你是唯二通過測驗的人、我們要跟你簽約操作資金之外，也要跟你說說我發現的問題。來，生日快樂！」酒杯輕敲之後，老闆繼續說。

「我發現你很敢買創新高的股票，不過都在 100 元以下，百元以上的從來沒碰過，而且股票只要上了百元，你就急著要賣，這很矛盾，我想可能跟你節儉的個性有關。考你一個問題：價值跟價格有什麼不同？說說看！」

「價值？價格？如果站在股票的角度來說，價值應該就是基本面，價格就是技術面，價值與價格，就像老人與狗一樣，總是有段距離，不過最後還是會走同一方向，對

嗎？」我回答。

「你真的太過認真了，還能拿科斯托蘭尼那套來解釋，說的是沒錯，可是太過理論，這樣好了，就拿這頓餐來說說你的想法。」老闆大笑。

我滿臉尷尬地說：「菜單上一頓5,000多元的龍蝦套餐，這是價格沒錯，那價值應該就是龍蝦跟干貝是空運來的日本貨，對嗎？」

老闆：「價值就是你以後會幫我們公司帶來很多業績，也能幫客戶賺到很多錢，所以我請你吃飯幫你慶生，1萬多元的花費，其實超級划算。懂嗎？」

「果然是老奸巨滑，喔不是，是老謀深算！」當然這些話只能放在心裡可不能說，不過我似乎懵懵懂懂地領悟到一些事，但還不是很明確。

老闆看我滿臉問號地思考，滿意的繼續說道：「股票會越來越貴，一定有它的理由，但我們不必深入追究。重點在於股票越貴，散戶就越不會追，那為什麼還會一直漲？原因很簡單，有錢人一直在買，他們買的不是股票表面的價格，而是股票內在的真正價值。散戶看的是價格，所以越貴越不敢買，越貴越抱不住。有錢人看的是價值，越貴越敢買，越貴越敢抱。所以只要你是有價值的，對有

錢人來說，你就值那樣的價格，就值那樣的餐費，就值那樣的操作資金水位，因為你會帶來更高的價值，價值就會反映在價格上。」我頻頻點頭，卻還是聽不大懂老闆的意思，所以請他再說一次。

「舉個簡單的例子，若今天你是跟女朋友去慶生，應該不會來這裡，也不會花1萬多塊吃晚餐。可是當你帶她來這裡用餐，她嘴裡雖然說太貴了，但一定會高興很久。你跟她的感情穩定，心情自然能保持最佳狀態，她會認為你是可以依靠的未來，就算遇到問題也能解決，而且以後還能衣食無缺。而你會願意花這昂貴的一餐在她身上，也代表著對她投入的感情，遠超過1萬元。這就是十張鈔票所創造出來的價值，讓你們的感情更加升溫。這時你會覺得這一餐的價格很貴嗎？不會，一定認為很划算。」看著老闆精明的眼神，我終於懂了其中的道理。

**有錢人，不是小氣，而是只願意花費在「能創造價值的地方」。**今天隨便一個人來借10萬元，他們一定不借，因為這筆錢很有可能是肉包子打狗，有去無回。但若是一家新創企業需要資金挹注，或是有可供節稅的慈善團體來募資，經過評估後，數千萬都能拿出來。

這就是價格與價值的差別！

懂了這個道理後，我的生活與工作出現了極大的翻轉，隨著資產逐步累積，我體會到人生並不是要多有錢，而是要有「選擇權」。這個選擇權，會越來越墊高每一個人的生活品質與內涵，甚至是投資的眼界。

##  如何辨識投資的「價格」與「價值」？

從股票投資來看，大多數投資人都不喜歡買太昂貴的股票，原因很簡單，因為一次就得拿出許多本金，更害怕股價震盪，所以通常偏愛低價股。但我們卻經常看到，業績好、股息又高的股票，股價總是非常昂貴，「東西好價格自然高」，這個道理在股市中也一樣。

以2021年前三季飆漲的萬海、長榮、陽明、台驊投控等海運股為例，萬海最高飆漲到353元，像這種百元以上的高價股，一般投資人都不喜歡買進或追價，會等到股價下跌、變得比較便宜時再買來存股，或是選擇海運股中價格比較低廉的個股（例如58.8元的2605新興，或46元的2611志信），不過在股價飆漲時，也鮮少會去追買。

也就是說，大多數投資人買股票，重點不在於研究個股體質，而是著眼在「股價是否便宜」。問題來了，體質

好的公司一定會持續吸引買盤進場，例如台積電自2008年的36.4元後，一路上漲十三年，直到2022年的688元。為什麼大戶與法人一路往上追買？因為他們看到的是台積電每年業績與市占率持續成長的「價值」。而嫌貴不敢買的投資人，在看到突破600多元的台積電，深怕它還會繼續漲上去而錯過時，才會想進來分一杯羹，於是用定期定額的方式閉著眼睛買股票，甚至拼命逢低承接來存股。

套用第九章所討論的觀念，歷史上所有上市櫃股票，長線走勢總是會形成一座高山，跟股票叫什麼名字、公司做什麼產品無關。股價會一路往上走高，是由於資金看中的是企業的未來價值，因而持續湧入推升股價。等到無論再多的資金都無法再將股價往上推時，就算公司的業績再好、股息再高，都不會再吸引法人大戶更多買盤，這時股價就只剩一條路：下跌，而企業也會隨著股價下跌開始出現業績衰退，甚至股利快速減少的情況。

華爾街傳奇操盤手李佛摩說：「**股票永遠沒有貴到不能買，也沒有便宜到可以隨便買的時候！**」從這句話就可得知，價值越高、價格越貴，股市如此，世間所有物質也皆是如此。

或許有人會說：「買低價股也有不少能賺錢的機會！」沒錯，這個觀念是正確的，但高價股往往能飆漲好幾倍，並能享有高股息，而低價股通常漲幅超過50％就容易遇到大戶脫手的情況，而且股息往往非常少。2008～2022年的台積電已經做了最好的示範——股價越走越高，股息越發越多，業績越來越好。這種情況在每一次景氣循環中都有類似的個股出現，例如2000～2008年的IC設計、1990～2000年的電子代工、1990年之前的資產股，都是相同的走法。為什麼呢？原因很簡單：**高價值創造高價格，高價格代表高價值。**

　　換到房地產來說，每個人都希望自己的房產保值又抗跌外，房價還會飆漲。

　　高雄的文化中心，對當地人來說，就是老社區，發展早，建案老舊，三十至四十年以上，甚至五十年的物件比比皆是。但由於四周多名校，加上緊鄰鬧區和捷運，因而多為惜售。2008年金融海嘯爆發後，全球房地產價格劇烈修正時，該區房價跌幅約為30～40％，但後續景氣回溫，漲幅卻超過100～150％，甚至可以俯瞰文化中心的國宅，房價更飆漲2～3倍。而相對知名的亞洲新灣區，大型建設

初步成形，政府積極招商，房價漲勢更為凶猛，每坪成交額上看60～100萬，頻頻打破高雄房價的歷史紀錄。由於新舊屋主買賣可讓利的空間不多，導致許多物件多為私下成交，一般房仲網頁上根本看不到。

　　購買這兩個區域的房子，易漲、保值、抗跌，但一開始就得付出不少成本。因此有許多投資與自住客寧願買偏僻一點的房子，每坪單價低，新屋貸款成數高、年份長，一樣能擁有自己的房產。可是往往成交之後才發現，建商一開始就把價格拉到接近市區的價位，市區一坪25至30萬，郊區一坪18至20萬，雖然看起來便宜很多，但郊區買賣量能低，房價不易漲，通常一買就是房價最高點，未來想脫手的難度高。

　　近年來景氣好，建商更愛獅子大開口，郊區新建案直接喊到市區價，並營造出搶購熱潮假象，低頭款、高放貸、長年貸、每月還款壓力輕、坪數比市區大、飯店式管理、多項公設使用、讓回家就像住飯店……。可是買進後想脫手卻無人來接，想出租又因地區偏遠、租客少，最後只好強迫自住並付出高額管理費。

　　站在「價值」的角度來看，文化中心四周的房產，貴有貴的道理——除了是長年需求量大的學區外，綠蔭成

林、人潮匯聚、每逢假日車位難求、店家門口總是排隊人潮、屋主總是惜售、買主總是搶房，從這些因素中就可看出物件一定保值。

但若是想尋求房價飆漲的空間，也能看亞洲新灣區的物件──政府新建設多、百貨公司林立、捷運輕軌環繞、人潮擁擠，豪宅建案連看房都要先付500元才能賞屋，當然，隨著公共建設陸續完成，房價還有機會持續攀高。

一間左營郊區、鄰近半屏山的三房二廳一車位新物件，開價1,500萬，位在亞洲新灣區的兩房一廳無車位新物件，開價也是1,500萬──站在「價格」的角度來看，左營的房子非常划算，自住空間大；但若以「價值」來說，亞灣的物件確實有保值，甚至漲價的空間。

當我們轉換視角，用「價值」的角度去看這個世界，就會發現許多過去未曾注意到的細節，小從每一餐的支出，便宜還是營養的選擇；中到購物的需求，買進的物質能否能提昇自身的價值；大到投資置產，是否買到能保值又能飆漲的物件等等，慢慢地就能提升看待事物與人生的觀點，並用「不缺」的思維穩健累積財富。

## 養成延遲享樂的消費模式

談到以「價值」來看世界，就會衍生出另一個致富觀念：延遲享樂。

在現今的「網紅時代」，人們對物質的需求與要求越來越高，經常追著網路紅人跑，希望能像他們一樣，隨心所欲地過著自己想要的生活模式，而網紅們也想盡辦法來展現自己的身材、生活、物質等。但根據 2020 年英國牛津大學的研究發現：近年來許多廠商要作業配，並不會找粉絲眾多的網紅，而是會選擇粉絲數較少的意見領袖作為合作對象。原因在於，該類型的網紅除了粉絲黏著度與信任感較高、消費意願強之外，他們往往擁有一個特質──延遲享樂。

換言之，他們往往會累積一段時間與資金，去尋求自己喜愛的消費模式，例如花許多時間研究一間六星級飯店，在實際入住後，詳盡地觀察與分享這間飯店與眾不同的優點，以及擁有哪些歷史足跡、周邊觀光景點等等，將每一次的享樂都用心介紹與經營，與多數只是為了展現極致奢華生活的網紅相比，更容易吸引有共同目標與習慣的粉絲群。

著名暢銷書《先別急著吃棉花糖》中引述史丹佛大學的研究說:「將一群小孩子單獨留在房間裡,給他們一人一塊棉花糖,讓他們選擇是要馬上吃掉棉花糖,還是要等十五分鐘後再吃,如果願意等,就可以再多得到一塊棉花糖的獎賞。那些能夠等待獎賞的小孩,長大以後,全都比那些選擇馬上吃掉棉花糖的小孩優秀,不論是在課業表現或人際相處上。因此要預測一個人的未來成不成功,能不能延遲享樂是很重要的指標。」

許多人會誤認延遲享樂就是不消費,然後把錢拿去投資、創造更多的收益,再來購買自己想要的東西,事實上並非如此。

舉例來說,2021年政府為了刺激國內經濟,發放5,000元消費券給每一個人,用以創造消費回饋效果,讓經濟數據提升。各縣市也紛紛加碼推出自己的專屬券,例如只要在高雄使用5,000元消費券,就能換到1,000元的高雄券,用以鼓勵群眾在當地花費。時間上則配合百貨與電商的週年慶,各項加碼活動也火熱展開。

也就是說,政府發放的5,000元消費券,實際上能讓人們的消費金額放大到6,000~7,000元。於是就在開放領

券的第一週，各大百貨均傳來業績破億的好消息，人們開始趁著週年慶蒐購自己喜愛或是目前最火紅的商品。

問題來了，那些人們買進的商品都是必須或是能提升自我價值的嗎？或只是趁打折期間多買一些，最後卻用不到而囤在家中？或是為了多換一點百貨公司的折扣券、為了湊足信用卡的消費額度而買了根本用不到的東西？

就如同 2021 年台股前三季瘋炒的長榮、陽明、萬海、台驊投控等海運股，可以看到投資人在少年股神、財經社團與網紅的號召下，沒有做太多研究就投入大筆資金，加入「航海王」行列成為水手，最後股價檔檔腰斬。進入第四季，又跟著宏達電、威盛一同加入「元宇宙」行列，追逐只有夢想卻尚待研發的產業，擁抱股票盼望一夕致富，最終卻得忍受股價大幅震盪。

又或者是跟著建商與房產社團，打著「零頭款就可以當房東」旗號，到高雄楠梓橋頭，卡位台積電房行列，買進生活機能尚未建立的新屋，期待能高價轉租或轉賣給科技新貴，卻沒留意台積電設廠與廠商入駐均需要時間，而且台積電的股價還得一路往上，不能形成一座高山才行。

或許有人會說：「投資就是買一個期望，願望達成就能爆賺。」或者說：「購物就是享受樂趣，就算現在用不到，

以後也能慢慢用。」但我們是做有「價值」的投資與購物，或只是為了享樂的「價格」而消費呢？

　　從前幾章的範例來看，能讓生活越來越不缺，都是建構在價值而非價格的觀念上——與其要卡位台積電房，不如選擇人口密集、好租、好轉手的老社區；與其要追逐尚在研發階段的元宇宙股票，不如選擇業績持續成長、股息加發的好企業；與其要搶百貨折扣券而買進價格低廉的商品，不如選擇一項能立即提升你自信與價值的精品。

　　花每一分錢之前，花一點點時間研究，花一點點時間反問自己的需求，一段時間下來，你就會發現自己的生活品質逐步提高，資產也逐步累積，每個月的收入也快速攀升，這一切都建構在：**重視價值，而非在意價格。**

**Chapter**
**12**

# 破除「價格」迷思的
# 兩大投資原則

「少做加減乘除，多思考，數據只是表象。」

──科斯托蘭尼，《一個投機者的告白》


　　2021 年的影集《魷魚遊戲》，以其對人性的刻畫與血
腥暴力而紅遍全球，無論是男主角成奇勳的勇敢、女主角
姜曉為了家人不顧一切與善良本性，還是配角曹尚佑只求
生存而不擇手段、吳一男的智慧與布局、張德秀的機關算
盡等等，均引爆粉絲追逐與模仿。

　　但讓我印象最深刻的卻是一名配角：編號 062 的數學
老師。他在劇中鏡頭極少，而且是一個連名字都沒有的邊
緣人。為什麼他能引起我的注意呢？

　　在第五關「墊腳石橋」中，參賽者必須赤腳走過兩條
共 16 組懸在空中的玻璃橋，每一組均有一片一般玻璃，與

一片強化玻璃。參賽者踩到一般玻璃就會摔落地面而死，踩到強化玻璃則可以繼續前進。

當第三位進場的數學老師，過了第一組玻璃後，他汗水淋漓、顫抖地算著：「前面有15組玻璃，要安全過關的機率是2的15次方，32768分之一。」心算完畢，他一陣傻笑後，快速往前跳出，結果仍是摔落地面出局。

或許對觀眾而言，這只是個小角色，但我卻深深震撼：為什麼一個如此會精算的數學老師，居然負債數十億韓圓，必須得參加非生即死的遊戲才能還債？並在最終面對死亡前，再多的精算，仍不敵遊戲規則與運氣。

這讓我想起十多年前，我跟本書第三章，那位擁有17間套房的軍職朋友的一段對話。

我：「你不覺得現在房價很高，換算租金報酬率不到5%，扣掉房屋稅跟維修等支出，租金收入還會更低，還不如投資股票或基金，能賺得更多。所以我覺得等房價便宜一點再買，會比較划算，租金報酬也會比較高。」
軍職朋友：「老弟，如果按照你這種想法，那一間房

子都買不到，你怎麼知道現在房價是貴還是便宜？我只問你一句，你這麼會算，套房有比我多嗎？」

**我不服氣地說**：「目前沒有，可是等房價變便宜的時候，我就可以多買幾間，這樣報酬率會高很多。」

**朋友笑著說**：「別誤會，我不是要跟你比，我要說的是，你看的是房價，我看的是每個月能增加多少收入，看的是投報率能不能比銀行定存高。我以前也很在乎房價，想說等便宜一些再買，但最後卻是一間都沒買。後來我改變觀念，把眼光放在每個月的租金收入，選擇能租得多一些的地方，反而讓我找到不少很划算的投資。」

**我似懂非懂地問**：「難道你都沒算這些成本嗎？」

**朋友**：「當然有，只是我心想，只要每年租金能夠超過這些支出，能比定存多，還能每個月不用兼差就比現在的薪水多，我就很滿足了。至於房價漲不漲、貴不貴，不是我能掌握的，就不用花時間煩惱了。如果什麼事都機關算盡，最後什麼都得不到。」

我反覆思考這段充滿投資與人生智慧的分享，就如同《魷魚遊戲》中的數學老師一樣，千算萬算，還不如勇敢跨出一步，是生是死在結果揭曉前，數據只能提供參考。

　　2018 年以前，高雄市區的套房價格落在 100～150 萬之間，年租金約在 8～9 萬，若不計算其他成本，年收益約為 5～8％。一場市長選舉，造就大量粉絲湧入原本寧靜的高雄，各項基礎建設計畫大量提出，房價也開始水漲船高。而 2020 年新任市長上台後，除了多年建設的亞洲新灣區成形，台積電設廠的利多，更是把房價推升到極致。加上疫情邊境管制，人口與資金大量移入，市區捷運沿線的套房一路飆升到 250～350 萬，年租金卻只緩步提升到 9～10 萬，在不計成本的情況下，年收益降到約 3％。

　　計算過後，任何人都會想：現在投資的收益大幅降低，代表房價漲幅過大，應該觀望而非急著買房。

　　但這種情況全台皆是，在全球利率極低的環境下，熱錢氾濫，精算後想等房價回檔再買，最後只能看著價格一路往上飆。往往等到房價飆漲過後，市場充斥各項利多時，才急著跟風搶房搶地，相對就得付出更多成本。

　　在同樣的時空背景下，2018 年台積電股價最高來到

268元，創上市以來新高，現金股利發放8元，換算現金殖利率將近3%。當時股市每天利多放送，各大財經媒體與網紅紛紛喊存，但該年底時遇到股市快速修正，台積電股價最低來到206.5元，預估殖利率飆升到3.8%，此時卻無人喊買，原先看好的高手甚至認為該現金為王。

到了2021年底，台積電股價創下史上新高，並在600元附近盤整許久，每年發放股息約10～11元，換算現金殖利率不到2%，卻成為人人定期定額存股的對象，這種人心變化的情況在任何投資商品中均很常見。

＊　　＊　　＊　　＊

世界上只要能用金錢購買的物質，價格一定會波動，我們永遠難以知道何時才是最高點、何時是最低點，事後的分析往往都很準確，但當下總難以分辨。因此與其精算，每天尋求最划算的投資、最有利的價格，還不如從「不缺」的角度來看：

1. 投入資金後，創造的每月（每年）收益，能與近五至十年相近或來得更高，那就值得嘗試。

2. 投入的資金，創造出來的每月（每年）收益，若比近五至十年來得低，那就得留意是否付出太高的成本。此時就不宜一口氣大量投資，而是得將資金分散、分批投入。

　　運用這兩大原則，很快就能做出決定，如同《魷魚遊戲》中的所有參賽者一樣，與其花心思精算，還不如勇敢地跨出一步，或許還有機會闖關成功拿到獎金。這個道理也如同人生，我們無時無刻都在做抉擇，無論吃喝玩樂、工作或休息時，大腦都在處理「要」或「不要」的問題，想的越多，越跨不出去，依據簡單的原則，目標與需求反而更能快速地達成，不是嗎？

　　相信你我都曾有過一個想法：「要是我那時沒想太多就去做，現在說不定就能⋯⋯」同樣的問題，十年後，我們會再懊悔一次嗎？還是會感謝現在的自己，能勇敢地下定決心去執行呢？

# 不當誰的老闆，也不當誰的員工

Money, money, money

Must be funny

In the rich man's world

Money, money, money

Always sunny

In the rich man's world

All the things I could do…

——ABBA 合唱團，〈Money Money Money〉

一位全身汗水、坐在場邊加油的球友說：「兄弟，其實我很羨慕你的生活，不用每天應酬，不用煩惱訂單，不用處理員工問題，有很多時間可以陪家人，還可以常常出國。」

我看著眼前這位手握國內上市櫃企業訂單、曾多次登上媒體的傳產大廠二代CEO說：「兄弟，我又不是第一天認識你，好勝心、企圖心那麼強的人，要不應酬，不搶訂單，不領導員工，過著平淡的日子，過沒多久就受不了了，

我的生活對你來說根本是地獄。」

他若有所思的停頓一下說：「你知道為什麼我週末都要打球嗎？因為只有在球場上，我才能暫時忘掉工作，忘掉自己的身分，做個不用帶著面具的普通人。」

我們看著球場上投出的好球、大聲喊好後，他接著說：「其實我壓力很大，常常在為訂單煩惱，去年疫情爆發後，我們的訂單瞬間消失，只剩零星收入，我很想把公司收掉，這件事我想很多年了。可是一收，多少人多少家庭會受到影響？我也不希望爺爺、爸爸打下的事業版圖毀在我手上。」

我一如往常安靜地聽他說，場上又換了一隊，幾個球友下場後，走過來想聽我們聊什麼悄悄話，我似乎看到兄弟臉上又迅速戴上面具，開始跟其他人閒扯。


這些話我並非是第一次聽到，類似的對話，也出現在：職業軍人高階主管、冷凍食品廠長、遊艇首席技師、資訊軟體設計負責人、上市公司財務主管、上櫃公司人事主管、手握航空訂單機工具老闆、人潮源源不絕的餐飲業老闆、擁有兩間房仲加盟店的負責人、擁有四十多名外籍員工的老闆、保險公司處經理……等各行各業中。每次聽到

類似的內容時，我總會靜靜地聽著對方訴說內心的期望，直到他們又把面具戴上。

難道他們不喜歡賺錢嗎？不，能在事業上有一片天的主管或企業主，絕對都是以營利為前提在經營事業與人脈。

難道他們不喜歡自己的工作嗎？這有可能，因為財富與地位，根據美國財政部長年統計，有超過80％以上都是繼承而來。也就是說，有許多人是因為基於家族責任而從事現在的工作，但這並非是倦怠的主因，畢竟從事業上獲得的成就感，與金錢一樣，都是精神糧食與毒藥。

所以，從他們談話中，我們能得知當主管或老闆並非是一件好事，對嗎？錯！千萬別被騙了，如果要他們擺脫現在的工作、放棄多年努力的成果、改變現在的生活型態，這可會要了這群工作狂的命，更何況就連我們自己也很難做到。因此我發現，之所以我們經常會聽到這類談話內容，原因可能就在於「急迫感」，包括人際關係的急迫與需求感，工作業務的急迫與危機感，以及對生活願景的急迫與不確定感。

你可以做一個簡單的實驗：拿一張椅子，擺在你平常睡覺的臥室裡，然後蹲坐在椅背上，此時你一定會覺得快要後仰摔倒、感到不安與充滿危機感。相反的，若是跟平

常一樣在椅子上坐好，你就會安全感十足。由此可知：即便外在環境沒有改變，卻會因為自己的一個小小舉動，頓時轉換心境。

在每個人的人生中，財富、感情、工作……都會有這種突如其來的困境出現。有時就那麼一瞬間，你會覺得自己的銀行存款好像不足以支付債務、跟家人的感情似乎出現問題、老闆可能不滿意自己的工作成果、公司員工可能在自己出差期間出了問題、即將到手的訂單可能被別人搶走等等，這種危機感無所不在，而且問題就出在我們熟悉的環境中。尤其是財富上的變化，對於愛賺錢的台灣人來說，更是如此。

問題是，該如何擺脫這種困境？讓自己心靈更加富足，財富更加成長呢？

## 「無所求」與「有所求」的差距

2012年，在我搭乘高鐵到台北授課時，途中經過台中站，前方靠窗座位的女士，抱著懷中熟睡的幼兒站起準備下車，此時鄰座的男子站了起來，熱心地走到置物區幫忙婦人拿嬰兒車。當他回到座位後，我一看，那名男子居然

是當時財經媒體爭相報導，同時也是股民最喜愛的王品集團董事長戴勝益先生。

環顧四周，似乎只有我跟坐在一旁的老婆發現戴先生的舉動。而我手上當期的《商業周刊》，正巧報導著由戴先生所引領的餐飲新文化。當下我非常想請他在雜誌上簽名、並請益，但不擅長人際關係的我，面對心中崇拜的偶像，直到抵達台北站下車，始終沒有跟他說到半句話，懊悔的心情直到許久後才釋懷。

我問自己：要怎麼樣才能做到跟戴先生自然地對談？能像朋友一樣話家常？我反覆思考這個問題許久，始終得不到答案。

三年後，我順利在財經界相當知名的出版社出書，當時出版社的謝金河社長應邀在高雄漢來飯店舉辦演講。我內心一直期盼能到場向社長表達感謝之意，於是也付費參加了那場講座。講座結束之後，社長表明還得趕回台北參加活動，我原本計畫在他搭乘電梯時去打聲招呼，卻因為太過緊張而想放棄，但睿智的另一半卻說：「你應該去跟他說聲謝謝，能在他的出版社出書且得到他掛名推薦，代表他認同你的想法。別怕，大不了就嚇到尿褲了而已。」

於是，我立刻起身、衝到電梯處，剛好遇見正在等電梯的謝社長，我結巴又緊張地表明謝意，簡單幾句談話後，老謝握住我的手，說很高興能見到作者本人，並祝我出書順利。握著他的手，瞬間讓我體會到一件事，我想跟他一樣永遠落落大方，姿態永遠優雅風趣。

　　但，要怎麼樣才能做到呢？為什麼他在面對所有人時，都可以表現得非常自在呢？就如同戴勝益董事長一樣？為什麼這些富豪的肢體動作永遠讓人感到很親近？相反的，為什麼我在面對他們時，卻總是顯露出膽怯或是過度謙卑？一定有什麼原因，造成我們雙方的不同，我得把原因找出來。


　　恰好又是三年後，我參加了畢業二十週年的同學會，滿心悸動地回到母校與同學們回憶過往的求學歡樂時光。畢業這麼久，每個人都有自己的一片天地：有人當上指揮官與總統隨扈高官、有人開了公司或成為電商、有人是公司的業績王、有人則取得博士學位、有人養育子女成年、有人成為教授與老師、有人承接家業成了企業主……而我的工作也步入穩定。那時人與人的接觸，並不會因為各自職涯發展不同而有所隔閡，反而還是跟學生時代一樣一起

打鬧。我深深體會到，除了學生時期的革命情感難以取代外，彼此「無所求」的關係更是維繫感情的關鍵。

如果我能自給自足，不求於人，就能自在地面對一切，或許就能像朋友一樣面對當年遇見的董事長與社長，不是以崇拜的心態去與他們相處，而是能無所畏懼，甚至相談甚歡。

我回想起許多年前在保險公司做銷售時，有天與處經理去見一名經由街訪而認識的客戶，由於不是自己過往的熟人，我對該名客戶的經濟能力與需求所知甚少，僅透過街訪表格中的制式內容聊過一些。

處經理要求我必須先單獨與對方見面，他會在車上等待五到十分鐘，然後透過電話聯繫再出現在客戶面前，屆時我必須向客戶介處經理。

我乖乖地聽話照做，當穿著休閒的處經理與客戶見面時，她非常有自信的遞出名片後，一開口便說：「陳先生，不好意思，我只有十五分鐘的時間，等一下還得到台南與客戶簽約，所以讓我們開始吧……」當時，與客戶第一次見面的處經理，不到十分鐘就與對方約定好隔天的簽約時間，接著便優雅地帶著我離開。

回到車上，處經理問我有學習到什麼嗎？

我滿臉崇拜地問：「為什麼處經理只花這麼短的時間就能約定簽約？妳說的內容其實就跟平常教我們的一樣，為什麼我在跟其他客戶說的時候就遇到很多阻礙與問題？我對著鏡子練習過很多次，是語氣還是肢體動作錯了嗎？」

處經理神祕地笑著說：「因為我讓客戶感受到，我，並不缺他的業績，我對他無所求，但你對他有所求，其中的差異，客戶永遠看得出來！」

這段話，我過了十多年才有更深的體會，有了上述所有經驗後，我對自己許下一個願望：「三年內，要做到就算張忠謀或郭台銘董事長在我面前，我也能像朋友一樣的面對他們，無貴賤之分，無地位之分，因為我無求於他們。」我內心仍然十分尊崇他們的地位與心胸見識，但由於能自給自足、無求於人，因此可以用平常心與任何人相處，自然就能廣結善緣。

就如同前述那位球友兄弟一樣，我無求於他，他也無求於我，我們常常互相調侃吐槽，自然就不會戴著面具相處，因而能聊聊內心話，就算長時間沒見面，感情也能像多年不見的同學一樣親近。

## ◐ 洞悉「貧者越貧、富者越富」的馬太效應

為了達成這個目標，我開始思考：要怎麼樣才能「無求於人」？才不用處處妥協？

答案很簡單，第一個條件就是財務上的穩定。但這個「穩定」的標準在哪呢？答案也很明確，就跟我在軍隊服務二十年後退伍的同學一樣，每個月有固定的終身俸，活多久領多久，就算只有少校退伍，一個月也能有4萬元的終身俸，外加三節獎金，年薪60萬跑不掉。（讀者們也可以設定自己想要的目標，慢慢的一步步去達成。）

只要有了穩定的月收入，心情就會更為穩定，這就站穩了第一步。

本書的第二部分已經討論許多達成穩定收入的作法，只要堅持下去，能賺錢的事情重複做，能穩定的事情重複做，「時間」就是最偉大的複利，每個月的穩定收入，就如同房屋的地基一樣，打得越穩固，房子就越能抵擋天災。

有了穩健的地基後，接下來不是趕緊往上蓋高樓，而是得先打造護城河，如同日本東京的皇居一樣，有了寬廣的護城河，就能確保內部安全，也能做到進可攻退可守。

因此在財務面上，就得擴大投資，例如在股票上，除了積極型的強勢股外，還得搭配穩定配息的大型股或ETF；而在房地產投資中，有了穩定收租的套房後，再逐步收購三、四房或透天，成為真正有資產的地主。建設足夠寬廣的護城河後，才能進一步蓋大樓，將家人子孫緊緊地守護在城堡內。

在達到一定的資產規模後，可學習有錢人會採取的作法，例如：成立資產管理公司到其他大城市或國外投資股票與房地產，或者將產業鏈整合，像是整合營建商與室內設計公司、建築師事務所等等。透過時間與時代的累積，學習銀行資本家創業的手段，逐步成為金融家，得以有更多穩定資金可運用，壯大家族實力。

當然，這些目標或許無法一口氣在自己的人生中完成，但轉念來想，這也是為了家人與家族財富，甚至是為自己的來生而做努力。

回到眼前，每當大樂透或是威力彩頭獎槓龜多期，累積了數億或數十億彩金時，我們總是會聽到人們喊著：「要是我中了頭彩，就立刻辭職！」（把離職信甩在老闆臉上）由此可知，多數人的人生中，其實都為了現實而妥協了許多事情，但如果有充足的財富，就能有更多的選擇，而非

孤注一擲地期待中頭獎來改變人生。

就算沒有幸運之神的眷顧，我們也可以透過主動、被動與半被動收入，善用最容易入手的股票與套房，一步步地打造自己想要的生活——這遠比中頭彩的理論機率1,398萬分之一還要來得容易成功。而且神奇的是，根據國外統計，有超過九成以上的頭彩得主，都是原先就有穩定生活的人，這完全符合《新約聖經‧馬太福音》的故事：

一位國王遠行前，交給三個僕人每人一錠銀子，吩咐他們：「你們去做生意，等我回來時，再來見我。」

國王回來時，第一個僕人說：「主人，你交給我的一錠銀子，我已賺了10錠。」於是國王獎勵了他10座城邑。

第二個僕人報告說：「主人，你給我的一錠銀子，我已賺了5錠。」於是國王便獎勵了他5座城邑。

第三個僕人報告說：「主人，你給我的一錠銀子，我一直包在手巾裡存著，我怕丟失，一直沒有拿出來。」

於是國王命令將第三個僕人的那錠銀子賞給第一個僕人，並且說：「凡是少的，就連他所有的，也要奪過來。凡是多的，還要給他，叫他多多益善。」

這就是所謂的「馬太效應」，也是貧者越貧、富者越富的真理，原因很簡單，心靈越豐盛、越知足，所能獲得的就越多。

原始人靠打獵為生，過著有一餐沒一餐的日子，每天都在為食物打拼。於是上帝告訴人們：可以耕作，海裡所有的生物都可以吃；神農氏嚐百草，教導人們哪些可以食用，哪些可以治療病痛，哪些則完全不能碰，於是人類開始定居下來，穩定地過生活。

從農業革命進展到工業革命後，人類用機械取代人力，有了更多時間發展科技、醫療、藝術、經濟與政治。十多年前，蘋果執行長賈伯斯教導人們如何透過手機讓生活更便利、學習更廣闊的知識，這讓人類有更多的時間去思考與研究，成就現今科技踏入電動車、元宇宙、太空旅遊與機器人時代。

我們可以很清楚的知道：當人們不用再為食物煩惱、不用再為生活煩惱，心靈自然就會豐盛，而有更多的時間

去追尋自己想要的興趣。同理，當我們每個月的薪水只夠支付帳單，每個月都得為了基本生存而煩惱時，那時的眼界絕對跟有兩、三份薪水的人不同，追求的目標也不一樣。

當我們越富有，對他人就越無所求，心靈自然就越豐盛，且越有能力去協助他人。

2021年台灣新冠疫情爆發，疫苗大缺乏，台積電、鴻海、慈濟三方出手購買1,500萬劑疫苗讓民眾施打。由於全球疫情嚴峻，各國紛紛派出政商代表團到疫苗大廠搶購，鴻海董事長郭台銘因而決定親自到歐洲催貨，並即時向國人說明採購數量、費用，以及疫苗出貨與運抵時間，就連疫苗的冷鏈費用都是由鴻海集團支出，更不用說一開始採購疫苗前，每天往返公家機關、跑公文時所付出的努力。

回國隔離14天後，當記者採訪及表達感謝之意時，郭董說了一段讓我感觸極深的話：「這不是憑我個人之力可以完成的，是台積電、鴻海、慈濟一同努力，不過我從來沒有花錢花得這麼開心過，哈哈哈⋯⋯」（初估鴻海至少支出40～50億台幣的資金）。

由此可看出，只要我們擁有足夠的實力，就能夠給予

更多；給予的越多，雖然不求回報，但回收的豐盛心靈亦會越多，這也是為什麼通常越富有的人，越願意幫助他人成功。

很多年前，我便許下願望：「不求大富大貴，不求一夕致富，只希望收到帳單時，都懷有感謝的心；只希望點菜時，不用管價格；只希望能隨時隨地帶著電腦到全世界邊旅遊邊工作；只希望腦袋裡的知識能夠有深度也有廣度；只希望能快樂的度過每一天。」要達成這一切，首先，就必須要有穩定的收入與生活品質，才能一步步地往目標前進。

人生，不是為了要成為任何人的老闆，也不是要當任何人的員工，更不用無止盡的妥協，目標其實很簡單：擁有無求於人，不缺的人生！

# 致謝

謝謝 Peggy、寶、滿，
給予無限支持，讓我有勇氣延續寫作夢想。

感念爸、媽、荳、仔，
給予勇氣與智慧，我知道你們一直在身邊。

感謝大牌出版，
給予諸多寶貴意見與協助，讓本書得以付梓。

要感謝的人太多，
願你們平安喜樂並擁有豐盛人生！

李翰 Dirk Chen

## 致富本命

隱形富豪教我的 12 堂「不缺」財商課，學會靠本業起家，
用斜槓投資致富——用 6,000 元啟動財富正循環，改寫人生！

| | |
|---|---|
| 作　　　者 | 陳韋翰 |
| 主　　　編 | 郭峰吾 |

| | |
|---|---|
| 總 編 輯 | 李映慧 |
| 執 行 長 | 陳旭華（ymal@ms14.hinet.net） |

| | |
|---|---|
| 社　　　長 | 郭重興 |
| 發行人兼<br>出版總監 | 曾大福 |
| 出　　　版 | 大牌出版／遠足文化事業股份有限公司 |
| 發　　　行 | 遠足文化事業股份有限公司 |
| 地　　　址 | 23141 新北市新店區民權路 108-2 號 9 樓 |
| 電　　　話 | +886- 2- 2218 1417 |
| 傳　　　真 | +886- 2- 8667 1851 |

| | |
|---|---|
| 印務協理 | 江域平 |
| 封面設計 | 陳文德 |
| 排　　　版 | 藍天圖物宣字社 |
| 印　　　製 | 通南彩色印刷有限公司 |
| 法律顧問 | 華洋法律事務所 蘇文生律師 |

| | |
|---|---|
| 定　　　價 | 380 元 |
| 初　　　版 | 2022 年 4 月 |

**ISBN**

978-626-7102-42-8（平裝）
978-626-7102-46-6（EPUB）
978-626-7102-45-9（PDF）

國家圖書館出版品預行編目（CIP）資料

致富本命：隱形富豪教我的 12 堂「不缺」財商課，學會靠本業起家，
用斜槓投資致富——用 6,000 元啟動財富正循環，改寫人生！／陳韋
翰 著 – 初版 . -- 新北市：大牌出版 , 遠足文化事業股份有限公司 ,
2022.4 面；公分
ISBN 978-626-7102-42-8（平裝）
1. 個人理財　2. 投資

111003980